**Projet bébé, savez-vous ce qui vous attend?**
**En bonnes copines on vous dit toute la vérité,**
**rien que la vérité, sur les joies de la**
**maternité!**

Alissa Brussilovsky

&

Amina Mezani

A nos mamans...

Voilà, vous y êtes, vous attendez l'un des plus heureux et extraordinaires événements de votre vie! Toutes nos félicitations! Vous avez certainement imaginé des dizaines de fois ce jour merveilleux où vous alliez devenir maman pour la première fois. Cet instant magique auquel vous rêvez depuis que vous êtes petite fille. Souvenez-vous, déjà vous promeniez votre poupon dans sa belle poussette, lui donniez son bain, essayiez tant bien que mal de lui faire avaler son biberon...Une vraie petite maman...pour de faux.

Aujourd'hui le rêve est sur le point de devenir réalité! N'est-ce pas excitant et angoissant à la fois? Car que savons-nous de cette réalité, de cette expérience, aussi magique qu'énigmatique, avant de l'avoir expérimenté?

Vous sentez-vous prête à plonger dans cette inconnue qu'est la maternité et à démarrer ce nouveau chapitre de votre vie? Devenir maman, mais cette fois-ci pour de vrai!

Ou peut-être que bébé n'est pas encore au programme, mais que vous commencez à y songer. Vous vous projetez avec votre chéri dans l'aventure de devenir parents! Vous avez envie de pouponner, de fonder une famille, vous imaginez votre angelot, si parfait, adorable, craquant. Mais savez-vous à quoi vous attendre le jour où angelot s'installera pour de bon dans votre joli bidon et une fois le rôle de maman endossé?

## Maman…le plus beau métier du monde?!

Le plus beau certes, mais un métier quand même! Et qui dit métier, dit apprentissage et difficultés qui vont avec! Alors à quoi nous attendre et nous préparer lorsque nous devenons maman pour la première fois? Et surtout, nous dit-on toutes les vérités, rien que les vérités sur ce nouveau grand rôle qui nous incombe?

Il faut bien reconnaître que la plupart du temps, lorsque nous évoquons la maternité, on nous en parle avec emphase. "C'est génial, merveilleux, fantastique"! On nous parle de miracle de la vie, on nous dit que c'est la plus belle chose qui puisse nous arriver, etc. Bien entendu il s'agit d'une aventure magnifique. Mais quelle aventure!

Dans notre entourage, prenons au hasard les copines qui nous font part de leur expérience. Ces bonnes copines, devenues fraîchement mamans et qui nous racontent les changements qu'elles ont expérimentés depuis la venue au monde de leur angelot : "Tu verras, c'est formidable!" s'émerveillent-elles! "Aujourd'hui ma vie a enfin un sens!". Ou encore, "En devenant mère je sais enfin ce qu'est le bonheur, le vrai, celui avec un grand B!" proclament-elles, la tête haute…et les yeux cernés! A les écouter, on se demande quand même si elles ne gardent pas en réserve plusieurs belles phrases destinées à nous convaincre de les rejoindre dans leur fameux «cercle du bonheur absolu»! Et est-ce aussi rose (ou bleu) qu'elles le prétendent?! N'y a-t-il pas derrière cette euphorie quelques nuances de couleurs auxquelles une future maman devrait se préparer? Des choses qu'elles omettent peut-être de nous dire? Des détails ou des sujets un peu moins glamour qu'elles n'osent pas aborder? Leur idée du bonheur correspond-elle forcément à toutes les femmes ou peut-être subissons-nous un peu trop les pressions des codes que nous dicte la société?

Devenir mère est une chose formidable en soi, mais la réalité à laquelle une femme doit se préparer ne lui est pas toujours dévoilée! Ce qui ne lui donne pas toujours la possibilité de se pencher sur la question en pleine conscience, d'y réfléchir, d'analyser la situation d'un point de vue purement subjectif et en tenant compte de ses propres envies. Mais aussi de se demander si son désir d'enfant n'est finalement pas influencé par son entourage ou la société. Une propagande mondiale savamment organisée par un lobby matriarcal. Certainement poussé par une mission divine, une sorte d'instinct de survie de la race humaine, qui dans un consensus universel diffuse un marketing de la natalité. Les sujets qui fâchent sur les éventuelles difficultés qu'une femme peut rencontrer durant sa grossesse et après sont souvent évités.

Il est pourtant primordial que les femmes puissent se poser les bonnes questions, se demander si elles sont prêtes à subir les bouleversements qu'engendre l'arrivée d'un enfant dans leur vie et à en assumer les responsabilités. Pour que les futures mamans puissent appréhender la maternité en toute conscience et le plus sereinement possible. Sans ce poids de la société qui essaie de mettre toutes les femmes dans les mêmes cases!

C'est pour cette raison que nous avons souhaité partager un peu de cette expérience, en levant le voile sur certains points et d'éventuelles interrogations qui peuvent survenir dans la vie d'une future maman. Car comme pour toute nouvelle aventure, il est préférable de s'y préparer un minimum à l'avance afin de savoir un peu ce qui nous attend. Ainsi nous pouvons vivre ces moments pleinement, en évitant un stress inutile et les «mauvaises» surprises. Mais pour aussi être libre de faire ses propres choix sans culpabilité.

Sans essayer de vous faire prendre vos jambes à votre cou, nous avons essayé de vous guider, sans langue de bois ni hypocrisie, dans les différentes étapes de la maternité, en apportant les réponses les plus concrètes et honnêtes possibles, aux questions basiques mais essentielles que vous pourriez vous poser et aux problèmes que pourriez rencontrer.

Ne partant ni d'un point de vue professionnel ni médical mais simplement de femme à femme, de jeune maman à future jeune maman, ce manuel a pour but de vous accompagner, telle une bonne copine qui est passée par là, à laquelle on ose tout demander et qui vous dira les choses sans les enjoliver.

Vous y trouverez ces situations pas toujours drôles ou faciles auxquelles une maman doit faire face mais dont on n'ose pas toujours parler. Souvent par gêne, pudeur ou simplement par crainte d'effrayer avec des informations qui peuvent pourtant être bien utiles! Mais également des conseils, des clichés, des idées reçues de la société, de l'entourage ou de la famille. Ce livre vous accompagnera dans les différentes étapes et situations. Il vous donnera un aperçu de ce à quoi vous devez vous préparer avant, pendant et après la naissance de votre bébé.

Notre souhait étant de vous donner la possibilité de mieux faire face à vos doutes, vos craintes, aux préjugés ou tout simplement à cette inconnue qu'est la maternité pour vous. En espérant que cela vous aide à anticiper certains problèmes, à mieux gérer vos émotions, à vous préparer aux changements de votre corps, à l'organisation et la réorganisation de votre quotidien, aux éventuelles pressions familiales, aux maladresses des uns et des autres, aux changements au sein du couple, etc.

En sommes ce livre pourrait vous donner quelques parachutes pour un atterrissage plus en douceur et vous permettre ainsi d'embarquer plus informée et plus sereine dans votre rôle de maman.

Des concessions au bonheur, en passant par les moments de questionnement et de douleur, c'est par ici...on vous dit tout!

# CHAPITRE 1 :

# CE QU'IL VAUT MIEUX SAVOIR AVANT DE FAIRE UN ENFANT

Autant vous prévenir tout de suite, nous ne vous vendrons pas du rêve mais la réalité sous blister transparent. Car pour bien gérer sa vie de maman il faut prendre conscience de tout ce qui vous attend. Savoir à quelle sauce vous allez être mangée. Mais oui, préparez-vous au fait que tout ce qui vous appartient et que vous preniez pour acquis sera peu à peu grignoté.

**Un enfant à tout prix!**

Il arrive bien souvent que le désir d'avoir un enfant ne soit pas motivé par de bonnes raisons. Faut-il une bonne raison, allez-vous nous dire?

Disons que certaines situations sont loin d'être idéales et pas franchement justes pour le petit qui va arriver dans ce monde. Par exemple, se servir de sa grossesse afin d'essayer de sauver son couple ou de faire plaisir à belle-maman, ce ne sont pas ce que l'on on appellerait des situations rêvées. Ou encore parce que votre gynécologue, ce grand diplomate, indique que votre horloge fait ˮtic-tacˮ alors que vous êtes encore loin d'avoir dépassé la ˮdate de péremptionˮ!

Mettre un être humain au monde est une décision qui ne se prend ni à la légère ni dans un moment de détresse ou de désespoir. C'est l'avenir d'un petit être qui est en jeu. Non, un bébé ne retiendra pas votre chéri si celui-ci a décidé de mettre un terme à votre histoire. Penser à l'éventualité de faire un enfant lorsque le couple ne va pas bien n'est pas une solution! Du moins cela pourrait en être une mais elle est risquée et ne garantit en aucun cas le résultat souhaité. Si la relation entre vous et votre compagnon n'est pas au beau fixe, envisager d'avoir un bébé pourrait même la compliquer encore plus. Car être parents est difficile!

Dans un premier temps, réfléchissez déjà à une solution telle qu'une thérapie de couple, avant de prendre une décision irrévocable. La thérapie pourrait vous aider à y voir plus clair, à mieux savoir où vous en êtes et vous encouragera à instaurer le dialogue entre vous et votre partenaire. Ainsi, vous pourrez voir la situation de manière plus posée, plus réfléchie et mieux comprendre si vous êtes tous deux prêts ou non pour ce bouleversement majeur dans votre vie. Il vaut mieux se laisser du temps, éclaircir la situation avant d'entreprendre quoi que ce soit, plutôt que de prendre le risque d'imposer à votre bébé des conditions difficiles et pas franchement drôles dès le départ, comme le manque d'un des deux parents, des tensions, un déchirement familial, etc.

On ne décide pas non plus de faire un bébé pour faire plaisir à la famille! Belle-maman rêve de devenir grand-mère?
Soit! L'important est de savoir si vous, vous souhaitez être mère! Elle, elle a déjà eu son moment de gloire et il s'agit de votre vie. Ne vous laissez pas influencer par les pressions externes. Personne n'est en droit de prendre ce genre de décision à votre

place. Le choix d'avoir un bébé n'appartient qu'à vous! Le bébé aura pour parents vous et votre conjoint, pas les grands-parents.

Autre situation courante : votre entourage fait une analyse de votre vie privée et s'étonne que vous ne fassiez pas encore parti du fameux "club B comme Bonheur" : "Alors ce bébé, c'est pour quand?". Là encore, on ne décide pas d'avoir un bébé à cause de la pression sociale ou parce que les copines ont rejoint le "club", elles! Il ne s'agit ni d'un concours, ni d'acquérir le dernier accessoire à la mode et que toutes les copines ont. Il est question d'accueillir un être humain dont vous devrez vous occuper et auquel on ne demande pas son avis sur son envie d'arriver dans ce monde! Il s'agit de votre corps, de votre vie, vous seule savez de quelle façon vous envisagez votre avenir et ce qui est bon pour vous ou pas.

Aujourd'hui il existe beaucoup de codes dans notre société. Nous les suivons parfois sans vraiment y réfléchir, sans nous poser de questions au préalable. Il est parfois bon et nécessaire de s'arrêter quelques minutes et de se demander si ces codes nous conviennent ou si nous les suivons bêtement parce que nous n'avons jamais pensé qu'il pouvait exister des options alternatives. Des options qui nous conviendraient peut-être mieux! Suivre son intuition est important avant de prendre quelconques décisions. Ce qui convient aux autres ne nous conviendra pas forcément. Posez-vous les bonnes questions

AVANT! Afin d'être bien sûre que vous allez accueillir votre bébé dans les meilleures conditions que vous pouvez lui offrir.

**Se préparer psychologiquement aux responsabilités à vie!**
**"Chéri, on prend perpète ou on réfléchit avant?"**

On ne réalise pas toujours qu'avoir un enfant est un engagement à vie. Contrairement à un compagnon dont on peut se séparer si rien ne va plus, on ne peut pas divorcer d'un enfant. C'est une responsabilité à long terme et sur tous les plans (affectif, financier, etc.). Pour cette raison il faut absolument être certaine des choix que l'on fait, car bébé ne doit pas en pâtir. Cela serait injuste pour lui. Il doit sentir qu'il a été désiré, qu'il fait votre joie, qu'il est votre grand bonheur et non pas une erreur d'un soir ou un poids dont vous ne pouvez-vous défaire. Il devient votre priorité! Vous êtes les parents, vous avez fait ce choix, à vous d'assumer votre petite merveille.

Assurez-vous également que votre partenaire et vous êtes sur la même longueur d'onde. Le jour où vous pensez être sûre de vouloir passer à l'étape "parents", discutez-en avec celui-ci, assurez-vous qu'il ne soit pas juste partant par peur de vous contrarier ou de vous perdre. Que ce désir de devenir parents est mutuel et que votre partenaire comprend les tenants et les aboutissants de ce projet. Une fois que bébé sera là, lui aussi devra s'investir dans son éducation et assumer son rôle. Un grand rôle qui vous permettra à vous de compter et parfois même vous reposer sur lui. Il sera votre plus grand soutien. Et du soutien vous en aurez grandement besoin. Tout comme de repos d'ailleurs. Qu'il puisse prendre à son tour le relais et vous laisser quelques précieux moments de récupération. Essayez un peu d'être une bonne mère, douce et aimante quand vous manquez atrocement de sommeil! Ce n'est pas du gâteau! Alors enrôlez Monsieur (ou Maman N°2) et pas qu'un peu. Déléguez!

Nous reviendrons sur ce mot magique dans un autre chapitre.

### On éloigne les curieux!

Voulez-vous un bon conseil? Si vous souhaitez avoir la paix, évitez au possible d'évoquer votre projet d'enfant trop tôt à votre entourage, afin de ne pas subir les pressions et questions classiques du genre "Alors? T'es enceinte? Pas encore? Comment cela se fait-il? Pour moi c'est arrivé tout de suite! Monique a opté pour une FIV, elle". Avouez que cela vous agace déjà, non?

Bien souvent, lorsque nous nous confions à nos proches (famille ou amis) sur une quelconque idée de projet, ils s'imaginent immédiatement que leur avis est primordial et tiennent absolument à nous en faire profiter. Même si parfois, il faut bien l'admettre, on s'en tamponne le coquillard!

Alors, ne vous précipitez pas et évitez de crier sur tous les toits que vous essayez de concevoir bébé. Donnez-vous un peu de temps en éloignant ainsi les curieux et les "je pense que, je sais que..."

Tomber enceinte peut prendre en moyenne entre douze et dix-huit mois, la situation étant bien entendu différente d'un couple à l'autre. Cela peut être plus ou moins long selon les cas. Si, par exemple, vous étiez sous contraception hormonale, ou que vous avez plus de 35 ans, etc. De nombreux facteurs sont à prendre en compte.

Lorsque vous arrêtez la pilule, il faudra patienter entre trois à six mois, le temps que votre organisme fasse la mise au point. Après le port d'un stérilet, cela peut prendre moins de temps. Mais vous pouvez tout aussi bien tomber enceinte très vite, voir même au premier rapport sexuel non protégé. Faites donc attention et soyez prête à l'éventualité de devenir maman rapidement!

Quoi qu'il en soit, si vous ne voulez pas être assaillie de questions ou subir les remarques incessantes et désobligeantes de votre entourage, gardez ce petit secret pour vous, bien au chaud! Le stress étant un autre facteur qui peut ralentir le processus alors motus et bouche cousue!

**Savourez les derniers instants de liberté!**

Certaines femmes ont leur premier enfant sur le tard, pour de multiples et diverses raisons tout à fait honorables. Une décision parfois voulue, parfois non. Mais quelle qu'en soit la raison, et quoi que vous décidiez, vous êtes libre de vos choix, libre de désirer avoir un enfant rapidement, ou bien d'attendre encore un peu. L'important étant de se sentir prête et responsable! Tout en gardant à l'esprit que l'âge peut aussi influer sur la fertilité. Cela peut s'avérer plus difficile de tomber enceinte et de porter un bébé après 35 ans qu'étant plus jeune. Mais pas chose impossible. Chaque femme et chaque situation étant différente.

Le corps n'est pas le seul facteur à prendre en compte, il y a aussi le facteur psychologique. Alors si vous ne vous sentez pas prête à 25 ans, rien ni personne ne doit vous presser ou vous influencer. La maturité est un facteur important dans le processus de devenir mère (et père). En gagnant en maturité vous avez plus de chance de mieux vous connaître vous-même et ainsi de mieux savoir ce que vous souhaitez dans la vie, de mieux assumer vos choix et vos décisions.

Profitez du temps qui vous est imparti pour savourer votre liberté. Car une fois qu'angelot est là, vous ne pourrez plus vous regarder le nombril. Une seule priorité dictée par votre instinct, diront certains, ou tout simplement le sens des responsabilités, aidées et guidées par vos hormones de jeune maman. Il n'y a plus que bébé qui compte.

Les sorties entre copines, les dîners en amoureux, les activités culturelles ou sportives...tout passe au second voir au dernier plan. Un conseil donc : Amusez-vous! Profitez des activités que vous aimez le plus! Voyagez, faites votre plan de carrière si vous en avez un, ayez la vie la plus active possible si c'est ce qui vous plaît, afin de n'avoir aucun regret une fois que vous serez "coincée" avec bébé.

Rassurez-vous tout de même, votre angelot ne vous imposera pas une vie de nonne. Tout se réajustera après les premiers mois, il suffit simplement d'un peu d'organisation. Mais une chose est sûre, plus rien ne sera comme avant. Votre liberté sera définitivement rangée au placard! C'est une toute nouvelle vie qui vous attend, remplie d'obligations, de responsabilités, de concessions... Et bien sûr de beaucoup d'amour!

## On pousse les meubles et on fait de la place!

Vous êtes plutôt maniaque question ménage? Ou peut-être que votre compagnon l'est? (Merci belle-maman pour l'héritage!) Eh bien il va falloir sérieusement commencer à vous organiser et à mettre vos petites manies de côté. Et on s'y met à deux, sinon adieu harmonie, bonjour conflits!

Une fois votre angelot arrivé à la maison, il aura besoin d'avoir son propre espace. Vous pouvez bien entendu le garder auprès de vous, dans votre chambre les quatre premiers mois environ, voire un peu plus. Mais tôt ou tard, vous serez amenés à lui aménager son petit coin. Avoir de l'espace pour bébé est mieux pour tout le monde. Qu'il puisse avoir sa propre chambre après ces quelques mois, ainsi il pourra commencer à apprendre à devenir indépendant et papa et maman pourront tout autant retrouver une intimité digne de ce nom. Évitez, dans la mesure du possible, les déménagements durant la grossesse. Vous ne serez pas en état d'assumer cela. Préserver votre corps c'est préserver bébé!

Un déménagement risque d'engendrer beaucoup de stress. Et même avec la meilleure aide imaginable, la tâche reste très lourde à supporter. Car il ne s'agit pas uniquement de rechercher un nid d'amour plus adapté. Une fois le nid trouvé, il faudra vider les placards, débarrasser le mobilier et les affaires, organiser les cartons, superviser le papa qui démonte les meubles, faire si besoin ait les travaux dans votre nouvel espace. Nettoyer, déplacer, déménager, réaménager, bouger, vider, réinstaller le mobilier et les affaires...Bref, mieux vaut éviter d'entreprendre un tel chantier et une telle organisation pendant la grossesse. Sinon, rassemblez les troupes pour vous faire aider et faites-en le moins possible. Que du facile et du léger!

**Sous le soleil? Plus exactement...**

Partir en vacances? Et comment! Mais oubliées destinations de rêve et pas chers! Vous serez désormais tributaires des vacances de votre nounou, de la crèche ou du calendrier scolaire. Il faudra aussi anticiper les frais et être prêt à débourser un peu, voire beaucoup plus, selon vos envies et les destinations choisies!

Adieu tranquillité, bonjour promiscuité et plages bondées de monde! Bienvenue dans le monde merveilleux de la parentalité!

Pour les courageux aventuriers et grands voyageurs, n'oubliez pas les vaccins. Différents selon le pays que vous choisissez! Discutez-en suffisamment à l'avance avec votre pédiatre. Mais là encore, ce n'est pas banal de faire le tour du monde avec bébé! Car de nombreux facteurs sont à prendre en compte, chaque destination ne présentant pas les mêmes risques! Mieux vaut donc attendre qu'angelot grandisse un peu et éviter les endroits hostiles!

Bref, ne planifiez peut-être pas de l'embarquer faire la bringue à Ibiza immédiatement après l'accouchement! Il va vite vous apprendre à apprécier les destinations paisibles et économiques!

# CHAPITRE 2 :

# QUELQUES ETAPES PHARES DE LA GROSSESSE

## Test de grossesse

Le jour où vous vous rendez compte que vous avez un retard de règles, que vous ressentez une tension dans la poitrine, que vous êtes un peu nauséeuse, songez, Mesdames, à faire un test de grossesse. Nous vous aurons appris quelque chose, n'est-ce pas?!

Adressez-vous à votre pharmacien qui vous proposera un test fiable. Une fois le test en main, vous avez le choix entre uriner sur le petit bâton, ou vous pouvez opter pour la méthode "pipi dans le gobelet" puis tremper le test dedans. Méthode testée et approuvée. Selon le type de test choisi, si les deux barres roses, la petite croix ou le mot "bébé" apparaissent, félicitations, vous êtes enceinte! Si non, on se remet au boulot. Voilà une bonne raison de faire des galipettes (comme si vous en aviez besoin d'une)!

Si le test s'avère être négatif, mais que vos règles ne sont toujours pas arrivées, vous pouvez en refaire un second par précaution!

Dans le cas où il serait positif, prenez rapidement rendez-vous chez votre généraliste, ou votre gynécologue, qui vous prescrira des analyses sanguines pour confirmer la grossesse et évaluer la date de la conception. Une fois la grossesse confirmée, vous devrez faire une prise de sang qui permettra de définir les maladies contre lesquelles vous êtes immunisées ou non. Ces tests sont importants. Ils montreront si, par exemple, vous avez eu la toxoplasmose et les choses auxquelles vous devrez plus ou moins faire attention selon les résultats.

**Allô, docteur?!**

Attendre un bébé c'est prendre un abonnement chez le médecin. On pointe tous les mois comme au pôle emploi.
Il est donc important de bien choisir votre praticien, étant donné que vous allez le voir souvent. Vous devez vous sentir à l'aise et en confiance.

Certaines femmes ne souhaitent pas continuer à consulter leur gynécologue, et préfèrent passer à un gynécologue obstétricien. D'autres, estiment que le gynécologue leur convient parfaitement ou choisissent d'être suivie par une sage-femme.
Notez que seuls les sages-femmes et les gynécologues obstétriciens pourront pratiquer l'accouchement.

Cela dépendra aussi de votre état de santé et du lieu que vous choisirez pour accoucher. Dans le cas où votre grossesse se déroule sans problèmes majeurs, que vous n'avez pas développé de diabète gestationnel, que vous n'avez pas de soucis de santé, que votre tension est normale, vous pourrez choisir l'option qui vous convient le mieux.

L'accouchement n'est pas une étape facile. Elle est vécue différemment selon chaque femme et on ne peut malheureusement pas prévoir la manière dont il va se dérouler à l'avance.

Suivez donc votre intuition, discutez-en bien avec votre médecin afin de voir tous les paramètres avant de prendre votre décision.

**Les échographies**

En France, le calcul de la grossesse s'effectue sur 41 semaines.

Il faut bien faire la distinction entre deux méthodes : le calcul des semaines de grossesse et celui des semaines d'aménorrhée. Mais les médecins et la sage-femme vous parleront en semaines d'aménorrhée. Un terme barbare qui signifie que l'on compte le nombre de semaines écoulées depuis le premier jour des dernières règles (aménorrhée signifiant absence de règles).

Le calcul des semaines de grossesse se fait quant à lui à partir du jour de fécondation.

La différence entre les deux? 39 semaines pour une grossesse qui se déroule bien (menée à terme), ce qui correspond à 41 semaines d'aménorrhée.

Les échographies majeures effectuées lors de la grossesse

La première, appelée également échographie de datation, est réalisée aux alentours de la 12ème semaine d'aménorrhée. Cette échographie vous donne la date de la conception et vous indique, grâce au nombre d'embryons aperçus, si vous allez devoir déménager rapidement ou pas (jumeaux, triplés, plus?). Elle permet de vérifier que le fœtus se porte bien et se forme correctement. Elle détecte les anomalies précoces et permet également d'effectuer la mesure de la clarté nucale, examen qui évalue les risques d'anomalies chromosomiques telles que la trisomie 21.

Durant cette échographie vous connaîtrez enfin la date de votre accouchement. Vous pourrez également voir pour la première fois votre futur angelot, qui est encore petit à ce stade. Une expérience inoubliable et chargée en émotion car c'est à ce moment précis que vous prenez conscience d'avoir un petit être vivant qui grandit en vous. On reste toujours stupéfait devant les pouvoirs incroyables de la nature.

La seconde échographie est réalisée au cours du cinquième mois de grossesse, c'est à dire vers la 22ème semaine d'aménorrhée. Il s'agit d'une échographie beaucoup plus approfondie et détaillée, appelée l'échographie morphologique. Elle permet au médecin de voir si le fœtus grandit bien, d'examiner attentivement chaque membre et organe du bébé, de détecter d'éventuelles anomalies majeures et d'écarter à 98% toutes anomalies visibles à ce stade (bec de lièvre, spina bifida).
Le médecin observe également les battements du cœur, la respiration, la position du fœtus, ses mouvements, etc.

De plus, si vous souhaitiez vous décider sur la couleur des murs de la chambre, c'est lors de cette échographie que le médecin pourra vous révéler le sexe de bébé.

Si toutefois vous ne souhaitez pas savoir si c'est une fille ou un garçon, précisez-le au médecin dès le début de la visite. Ce serait dommage que l'effet de surprise soit gâché par maladresse.

Une troisième échographie vous sera proposée entre le septième et huitième mois de grossesse, soit vers la 32ème semaine d'aménorrhée.

Vous allez apercevoir bébé sur l'écran pour la dernière fois. A ce stade il n'a plus beaucoup de place pour bouger. Il est, dans la majeure partie des cas, placé la tête en bas et se prépare pour le grand final : son arrivée dans ce monde.

Une dernière fois le médecin examinera ses organes, sa croissance et vous donnera une estimation de son poids. Ce qui vous donnera déjà une petite idée du poids qu'il fera à la naissance.

C'est en quelque sorte la répétition générale avant l'arrivée si attendue de votre bébé.

* *Bon à savoir* : Évitez de mettre de la crème ou de l'huile sur votre ventre les jours qui précédent chaque échographie. Cela pourrait empêcher d'avoir une qualité d'image optimale.

* *Pense-bête* : Prévoyez d'apporter un DVD ou une clé USB afin de conserver ces moments mémorables. Vous pourrez ainsi voir et revoir les vidéos et/ou photos de votre bébé. Une occasion à ne pas manquer!

## L'angoisse face au risque de la trisomie

Cette question est source d'angoisse pour tout parent. Normal, nous avons tous envie d'avoir un bébé en pleine forme, en bonne santé et de faire en sorte qu'il démarre sa vie du mieux possible. Il est donc normal que la peur du handicap soit présente dans chaque esprit.

Avant tout examen, discutez avec votre gynécologue, demandez-lui un maximum d'informations, exprimez vos angoisses. Il est important qu'il vous explique bien tous les détails. Le déroulement des analyses, mais aussi les risques qu'elles peuvent présenter. Posez-lui toutes vos questions afin d'être mise en confiance et de bien comprendre le déroulement et l'importance de ces examens qui génèrent un grand stress. Stress qui peut être réduit si un bon dialogue est instauré entre les futurs parents et le médecin.

Entre la 14ème et la 17ème semaine d'aménorrhée, le gynécologue vous proposera de faire une prise de sang HT21, qui permet d'évaluer les risques de certaines maladies génétiques et celui en particulier du syndrome de Down (trisomie 21).

Ces analyses prennent du temps et inquiètent beaucoup, mais elles n'apportent pas d'indications définitives. Il ne faut donc pas paniquer si les résultats ne sont pas satisfaisants.

Si besoin est, et uniquement dans le cas où le risque s'avérerait élevé, le gynécologue vous proposera de passer à l'étape suivante à savoir l'amniocentèse qui consiste à prélever des cellules du fœtus pour vérifier les chromosomes jugés à risques. C'est seulement après cet examen que les parents pourront obtenir des résultats plus concluants.

Lors de l'amniocentèse, une grande aiguille est enfoncée dans le ventre de la maman et dans l'utérus, afin de prélever la quantité de liquide amniotique nécessaire, ce qui rend le moment assez impressionnant.
Il faut bien respirer et se relaxer. La procédure n'est ni douloureuse pour la maman ni pour le fœtus.

<u>Trois facteurs sont pris en compte pour détecter la trisomie 21</u> :

- l'âge de la maman (risques plus élevés après 38 ans)
- la clarté nucale (épaisseur de la nuque du fœtus, mesurée lors de la première échographie)
- la prise de sang HT21, dont les résultats seront encore une fois confirmés après l'amniocentèse dans le cas où elle s'avérerait être nécessaire.

Si l'amniocentèse ne révèle rien d'anormal, c'est un grand soulagement!

Dans le cas contraire, les choix qui se présentent alors aux parents seront discutés avec les médecins. Ces derniers conseillent du mieux possible les futures mamans. Une interruption de grossesse peut être suggérée afin d'éviter à l'enfant et aux parents de subir les conséquences de la maladie et certainement une souffrance.

Quel que soit la décision des parents, elle reste extrêmement difficile à prendre, c'est une lourde épreuve à traverser. Il faudra beaucoup de courage et surtout ne pas hésiter à faire appel à des professionnels afin d'obtenir un soutien, une aide psychologique qui sera indispensable et d'un très grand secours pendant cette douloureuse période. Une épreuve souvent perçue comme un échec, ce qui n'est bien entendu pas le cas!

Il est important de préciser que les risques de porter un enfant ayant la trisomie 21 sont de 1/1000 chez les femmes âgées de 20 ans, 1/900 chez celles âgées de 30 ans, 1/385 chez celles qui ont 35 ans et augmentent davantage avec l'âge. Si la maman est elle-même atteinte de trisomie ou qu'il existe des antécédents d'anomalies génétiques dans sa famille, là encore les risques seront plus élevés.

# CHAPITRE 3 :

# LES AVANTAGES DE LA FEMME ENCEINTE...SI, SI, IL Y EN A! N'EN USEZ PAS...ABUSEZ-EN!

## Égoïste et fière de l'être!

Une note heureuse et optimiste pour démarrer ce nouveau chapitre en nous épanchant sur les avantages de la grossesse. Probablement l'une des parties les plus agréables de ce livre durant laquelle vous pourrez vous frotter les mains en vous disant que c'est chouette d'être enceinte!

Heureusement il n'y a pas que des désagréments dans le fait d'attendre un bébé et vous êtes cordialement invitée à en profiter pleinement. Après tout, la grossesse c'est votre moment à vous! Ces quelques mois durant lesquels vous avez besoin d'être choyée, chouchoutée, préservée, entendue et comprise. On en demande beaucoup c'est vrai, mais c'est mérité, non?

Telle une princesse, toutes les petites attentions seront les bienvenues et vous aideront à traverser ces neuf petits mois. Pas si long que ça finalement, alors allez-y gaiement!

Le but n'étant pas de prendre goût aux caprices (quoi que à petite dose cela ne fait de mal à personne) mais à plutôt laisser votre entourage être au petit soin pour vous. Et surtout c'est le moment ou jamais de profiter de ces avantages! Après, il sera trop tard! Une fois les neuf mois écoulés ce sont les douze coups de minuit de Cendrillon, le carrosse qui redevient citrouille, la passation de pouvoir. Angelot est sacré roi, ou reine! Toute l'attention ne sera alors plus portée que sur bébé!

Dès l'instant où votre petit ventre commence à s'arrondir, vous remarquez rapidement que votre entourage vous traite différemment, avec plus de bienveillance.

De parfaits inconnus vous regardent avec tendresse, sont prêts à vous aider, vous enveloppent de chaleur humaine et vous offrent des sourires gratuits. Chose qui ne dure malheureusement pas. C'est l'effet grossesse! Cela donnerait presque envie de rester enceinte! Nous avons bien dit bien «presque».

**Priorité aux futures mamans!**

Vous prenez les transports en commun et vous vous sentez fatiguée? Pas de panique, il y aura toujours une âme charitable pour vous laisser sa place. Gardez bien à l'esprit que vous êtes prioritaire et exigez une place assise si on ne vous la donne pas. Mais vous allez vite constater que vous aurez rarement à le faire. Les gens se battront même pour défendre vos droits avant même que vous ayez le temps d'ouvrir la bouche! Il est arrivé de voir des dames fort sympathiques prendre un monsieur en grippe parce que celui-ci dormait dans le bus. Elles l'ont obligé à céder sa place à la future maman (les autres places étant occupées par des personnes âgées, tout aussi prioritaires bien entendu).

Une astuce pratique serait de vous procurer un petit badge "Bébé à bord", vendu sur plusieurs sites internet. Bien utile et discret, il vous évitera tout malaise qui pourrait survenir lorsque vous demandez à quelqu'un de renoncer à son siège. Surtout en début de grossesse, lorsque votre petit ventre se fait encore discret.

Chez nos voisins Londoniens, par exemple, vous verrez toutes les futures mamans porter ce badge. Ce qui aide les autres passagers à les repérer d'un seul coup d'œil et à libérer une place rapidement.

Dans toutes les autres situations courantes du quotidien, telles qu'une file d'attente au supermarché, à la boulangerie, dans les administrations ou partout ailleurs, demandez à passer en premier. Vous en avez le droit, ne vous en privez pas!

En fait vous avez (presque) tous les droits : Pas envie de sortir? Plus besoin de vous servir des paroles de la chanson «Le dîner» de Bénabar, pour trouver des prétextes! Envie d'être gourmande? Là encore vous en avez le droit et c'est le moment ou jamais de vous faire plaisir. Pas envie de quitter votre couette le dimanche matin? Abusez des grasses matinées tant que vous le pouvez! N'oubliez pas qu'une fois que votre angelot sera là, c'est lui qui organisera votre emploi du temps et supervisera vos heures de sommeil.

On passe tous les caprices à une femme enceinte, profitez donc de cette aubaine!

**Belle, belle, belle et bien dans son corps...on prend soin de soi!**

Être enceinte ne veut pas dire que vous devez vous oublier en tant que femme et vous négliger! Vous devenez maman mais n'en restez pas moins femme!

Prendre soin de vous, de votre corps est aussi important pour votre santé physique que moral et cela aura un impact sur votre bien-être et celui du bébé. Plus vous faites attention à vous, mieux vous vous sentez dans votre peau et mieux vous vivez votre grossesse.

Vous pourrez compter sur les petits coups de pouce de dame nature avec la progestérone qui vous apaisera en début de grossesse. Puis, vers le quatrième mois, ce sera au tour des œstrogènes de rendre votre peau fraîche, lumineuse, de vous donner un teint rosé, des cheveux soyeux et brillants et des ongles parfaits.

Parmi les avantages que présente la grossesse, on pense bien évidemment à la poitrine qui, dès le premier trimestre, devient plus...généreuse. Vous avez toujours rêvé d'avoir le décolleté Hollywoodien de Jayne Mansfield? Eh bien vous n'allez pas être déçue. Prenez-en soin, avec des crèmes adaptées pour avoir de jolis seins.

Faites un tour dans des magasins ou sur des sites qui proposent une sélection de soins spécialement adaptés et qui vous donneront une petite idée sur le type de produits que vous pouvez utiliser en toute tranquillité.

Testez des crèmes chez vous, ou bien profitez-en pour vous faire chouchouter en institut. Tous les moyens sont bons pour vous faire plaisir et découvrir des produits agréables qui pourront vous relaxer tout en ciblant vos besoins.

Massez, hydratez, commencez à prendre soin de votre peau dès le début de votre grossesse pour en bénéficier de tous les bienfaits et limiter un maximum de dégâts.

Attention cependant à ne pas utiliser n'importe quel produit ou ingrédient sous prétexte qu'il est sain ou naturel. Même naturels, certains aliments, herbes médicinales, huiles essentielles, peuvent être déconseillés, voir néfastes pendant la grossesse. N'utilisez pas les produits sans vous être renseignée au préalable. Même ceux que vous aviez déjà dans vos placards, aussi merveilleux soient-ils. De nombreuses marques proposent aux futures mamans des soins naturels et adaptés. C'est l'occasion de tester quelques bonnes crèmes, huiles de massage, gommages, tisanes spécialement destinés aux futures mamans.

Le soleil, lui, ne sera pas votre allié pendant cette période. Alors fuyez le, même en ville (surtout entre midi et 16h) et n'oubliez pas votre crème solaire, un chapeau et des lunettes de soleil, pour éviter ainsi les plaques brunes qui pourraient apparaître sur votre visage, appelés masque de grossesse (de son nom scientifique le chloasma) et qui touche 70% des femmes entre le quatrième et le sixième mois de grossesse.

Rassurez-vous, les tâches disparaissent généralement après l'accouchement.

Ne vous laissez pas abattre le jour où vous dites adieu à votre pantalon préféré parce que vous ne rentrez plus dedans. Nous ne sommes plus au temps où la femme enceinte était réduite à ne porter que des bas de jogging larges ou des vêtements de grossesse amples, tristes, version sac à patates. Aujourd'hui vous avez du choix et vous pouvez rester conquête et féminine! Plus de fausses excuses donc pour ne pas vous habiller avec de jolis vêtements, de la couleur, de rester tendance si vous le souhaitez et ce sans forcément vous ruiner. Pas besoin de vous habiller chez les grands couturiers pour avoir l'air d'une future maman bien dans ses baskets (ou ses espadrilles). Ce n'est pas parce que Jennifer Lopez portait de la haute couture pendant qu'elle était enceinte de ses jumeaux que vous n'avez pas le droit à votre belle robe vous aussi! De nombreuses marques font aujourd'hui de jolis vêtements pour femmes enceintes, pour tous les goûts et pour toutes les occasions.

Rien ne vous oblige non plus à vous habiller exclusivement dans le rayon «grossesse». Vous avez tout à fait la possibilité de trouver de jolis et confortables vêtements partout ailleurs. Faites simplement attention à ne pas les choisir trop serrés ou trop petits, histoire de ne pas vous retrouver compressées, boudinées et devoir en racheter de nouveaux rapidement!

Vous ne vous intéressez pas à la mode? Ou vous pensez peut-être que grossesse et mode ne vont pas de pair? Détrompez-vous! C'est le moment où jamais d'être un peu curieuse et de découvrir ce qu'est une maxi robe, une robe tulipe, un jean skinny de grossesse, etc. Faites-en quelque chose d'amusant et n'oubliez pas de rester femme avant tout!

Vous êtes plutôt du genre maman bio, maman écolo? Là encore vous trouverez un tas de petites boutiques en ligne très mignonnes et qui feront votre bonheur en vous proposant de jolies matières. Internet regorge de très jolies boutiques en lignes pour tous les styles. Il n'existe pas de solutions miracles ou de recettes magiques. Et vous n'échapperez peut-être pas aux vergetures (appelées aussi stries gravidiques), aux poils qui poussent dans tous les sens et autres «joies» de la grossesse. Mais une chose est sûre c'est que vous vous sentirez bien mieux en prenant soin de vous plutôt qu'en vous laissant aller. Il n'y a aucune raison à ne pas vous sentir féminine jusqu'au bout des ongles. Femme avant tout, ne l'oubliez pas!

**Sportive ou non, on bouge!**

Faire du sport lorsque l'on est enceinte est aussi un moyen de prendre soin de soi et de contribuer à son bien-être.

Pratiquer un sport pendant la grossesse signifie qu'il faut rester active. On oublie le niveau de compétition et les sports extrêmes pour les adeptes. Il faudra patienter un peu avant de vous remettre à du haut niveau. En attendant, il faudra choisir une activité qui ne fera prendre de risque ni à vous ni au bébé.

Toutes les femmes ne sont pas logées à la même enseigne, demandez donc conseil à votre généraliste ou votre gynécologue avant d'entreprendre toute activité physique et sportive. Il est important que vous sachiez quels sont les exercices qui vous sont autorisés et le mieux adaptés, suivant l'avancée de votre grossesse, votre état de santé et vos besoins.

Pendant cette période, les activités douces qui font travailler les muscles, la respiration et qui détendent, sont à privilégier.

Quelques exemples de sports généralement pratiqués par les futures mamans :

- la natation
- l'aqua gym
- le pilates prénatal
- le yoga
- la danse classique

Si votre médecin vous donne le feu vert, vous pouvez faire un peu de course à pied, du vélo. La marche reste une activité sure pendant la grossesse.

Mais vous pouvez tout aussi bien pratiquer d'autres activités originales, en vous initiant, par exemple, au Fly Yoga, qui, comme son nom l'indique, vous apprend à voler (Fly signifiant voler en anglais). Il s'agit d'une discipline qui allie les mouvements du corps à l'esprit. Un mélange d'art du cirque, de pilates et de yoga, qui se pratique à l'aide d'un hamac (ça laisse rêveuse...) et qui vous permet de vous tonifier, de renforcer vos muscles, de détendre vos lombaires, tout en vous relaxant et en vous évadant. Votre corps et votre esprit s'envolent...

Le Fly Yoga vous apprend également à contrôler votre respiration, ce qui jouera un rôle important le jour de l'accouchement.

La barre au sol est une autre activité sympa qui fait travailler votre souplesse.

Pratiquer un sport vous aidera en améliorant la qualité de votre sommeil, en diminuant vos douleurs de dos, mais aussi en vous musclant et renforçant vos articulations, en prévenant la constipation, les ballonnements, en diminuant votre stress, en réduisant les risques de diabète, en gérant votre poids. Faire quelques exercices vous aidera par ailleurs à vous sentir mieux avec vous-même.

Pratiquer une activité physique va également irriguer en oxygène votre cerveau et celui du fœtus. Elle sera donc tout aussi bénéfique pour vous que pour bébé!

**Enceinte au volant ou dans les transports en commun**

Conduire en étant enceinte n'est pas contre-indiqué, il faudra juste penser à prendre quelques précautions et surtout demander l'avis de votre médecin avant de prendre le volant, même si vous estimez en être tout à fait capable. Vous n'êtes pas malade certes mais vous êtes tout de même enceinte, ce qui peut engendrer fatigue, vertiges, nausées.

Si vous devez prendre votre véhicule pour vous rendre au travail, ne roulez pas trop vite et prenez les dos d'âne et autres amortisseurs en douceur afin d'éviter de trop secouer bébé.
Évitez les trajets trop longs (pas plus de 3h) qui risquent de vous fatiguer et n'oubliez pas de faire des pauses, de faire quelques pas et de bien vous hydrater en buvant de l'eau. Évitez au possible les situations désagréables comme prendre la voiture par mauvais temps ou grosse chaleur, ou encore, si vous le pouvez, évitez le trafic.

N'oubliez surtout pas votre ceinture de sécurité qui est obligatoire et ne représente aucun danger pour le fœtus! Bien au contraire! En ne mettant pas votre ceinture vous prenez d'avantage de risques pour lui comme pour vous.

Pour positionner la ceinture, ne la mettez pas directement sur le ventre mais placez une sangle au centre de votre buste, juste au-dessus du ventre et l'autre sous le ventre, le plus bas possible.

Privilégiez au possible les transports en commun. Mais là encore, évitez les trop longs trajets et tâchez de vous asseoir. N'oubliez pas de marcher régulièrement!

# CHAPITRE 4 :

## LES PETITS DESAGREMENTS MECONNUS DE LA GROSSESSE, MAIS PAS QUE...

Chaque femme vit sa grossesse de manière différente, autant sur le plan physique que psychologique. Certaines vont très bien vivre ces neuf mois, ne connaîtront que très peu de désagréments, aimeront ou même adoreront être enceinte et ressentir tous ces changements en elles. Alors que d'autres n'apprécieront pas du tout l'expérience. Il n'y a donc pas vraiment de généralité et on ne peut garantir que vous traverserez toutes ces étapes. On vous donne cependant quelques grandes lignes qui vous permettront de vous faire une petite idée sur ce qui pourrait se passer une fois bébé installé dans votre ventre.

**Les 3 phases notables de la grossesse :**

- Le premier trimestre, durant lequel vous n'êtes pas bien, les nausées commencent, vous tombez de sommeil, vous avez souvent envie de faire pipi
- Le second trimestre, vous vous sentez plus belle (beaux ongles, beaux cheveux, teint de pêche) et plus énergique. Votre ventre est tout petit, tout rond et tout mignon
- Le dernier trimestre vous commencez à vous sentir lourde, endolorie, fatiguée et pressée que ça se termine.

Encore une fois les changements qui vont s'opérer ne seront pas forcément les mêmes d'une femme à l'autre.

**Attention à la Rubéole!**

Infection virale, contagieuse, très dangereuse pour votre bébé à naître, en particulier si elle survient au cours du premier trimestre. Les risques de fausse couche ou de malformations chez le fœtus sont élevés, diminuent après les trois premiers mois et disparaissent à partir de la vingtième semaine de grossesse.

Si vous n'êtes pas certaine d'avoir été vaccinée contre la rubéole, une analyse sanguine devra être faite avant la conception de bébé. Elle est également recommandée pour votre partenaire.

Si l'analyse révèle que l'un de vous deux n'est pas immunisé, il devra se faire vacciner (vaccin PRO).

Dans le cas où vous seriez déjà enceinte, vous ne pourrez plus vous faire administrer ce vaccin car il pourrait nuire au bébé. Vous devrez faire un test sérologique lors de votre première consultation afin de déterminer si vous êtes protégée ou non contre la maladie. En attendant les résultats, vous devrez éviter le contact avec les enfants et parfois même les adultes porteurs de cette maladie!

Surveillez donc de près vos fréquentations!

**Toxoplasmose, listériose, salmonellose...vive les restrictions alimentaires!**

Toxoplasmose, listériose et salmonellose sont des maladies bactériennes alimentaires aux noms peu ragoûtants! Elles sont en général bénignes en dehors de la grossesse, mais peuvent être dangereuses pour la femme enceinte et le fœtus.

Toxoplasmose :

Pour votre première grossesse, votre médecin vous prescrira une prise de sang obligatoire afin de déterminer si vous êtes immunisée ou non contre la toxoplasmose. Si les résultats démontrent que vous êtes immunisée, vous ne risquez plus d'autres contaminations. Mais vous devrez tout de même rester vigilante face aux risques de contamination de la listériose et salmonellose.

La toxoplasmose peut avoir de lourdes conséquences sur votre grossesse et être dangereuse pour le fœtus. Surtout pendant le premier trimestre. Vous aurez par conséquent un suivi mensuel avec une prise de sang.

Vous devrez mettre votre gourmandise de côté en évitant certains aliments et en prenant des mesures d'hygiène. Adieu viande tendre, rosée, juteuse et sushis du vendredi soir. Bonjour semelle de chaussures et légumes trop cuits ! Mais c'est pour la bonne cause! La viande bien cuite est autorisée mais pas n'importe laquelle. L'agneau, par exemple, est porteur de ce parasite. Il faudra également éviter la charcuterie, les fruits de mer crus, les œufs crus (adieu œuf au plat, mouillette et tiramisu). Oubliez temporairement les fromages au lait cru. Pas si grave finalement quand vous savez que de toute manière vous ne pourrez pas l'accompagner d'un bon verre de vin!

Il est aussi très important de bien laver les fruits et légumes.

Listériose :

Maladie infectieuse qui se transmet également par les aliments crus ou peut-être causée suite à une rupture de la chaîne du froid. Il vous faudra là encore simplement prendre les mêmes précautions que pour la Toxoplasmose, en évitant de consommer certains aliments (fromages au lait cru, poissons crus ou fumés, produits de la mer crus, charcuterie, les pâtés, carpaccios de viandes, rillettes, tartare de viande ou de poisson et enlever la croûte des autres fromages), en nettoyant régulièrement votre frigo et en vous lavant les mains avant de passer à table.
Et toujours bien laver vos fruits, légumes et herbes aromatiques.

Salmonellose :

Infection due à la présence de bactéries (salmonella) dans les intestins des animaux vertébrés et qui peut aussi être dangereuse pour la maman et le fœtus.

Les mêmes aliments que ceux cités précédemment seront à éviter!

Parmi ceux qui risquent le plus d'être infectés : les volailles, les œufs, le lait, la viande crue et les fruits de mer.

Les fruits et légumes peuvent aussi être contaminés s'ils ont été lavés par une eau contaminée.

Lavez systématiquement vos mains et votre plan de travail après avoir manipulé les aliments.

*Petite astuce* : Utilisez deux planches à découper, l'une strictement réservée à la viande et au poisson et la seconde aux fruits et légumes.

Pour tous vos repas pris à l'extérieur, si vous trouvez un aliment suspect ou pas assez cuit dans votre assiette, n'hésitez surtout pas à le signaler et à renvoyer votre plat en cas de doute. Ne consommez aucun aliment sans être totalement rassurée!

**Qu'en est-il de nos compagnons poilus (et des autres...)?**

Tout comme pour l'alimentation, il en sera de même concernant les animaux domestiques, quels qu'ils soient. Il vous faudra prendre quelques mesures classiques d'hygiène.

Pas d'affolement, il n'est bien évidemment pas question de vous débarrasser de votre ami à poils, à plumes ou à écailles. Des mesures simples et basiques d'hygiène vous éviteront de contracter les maladies appelées zoonoses, face auxquelles les femmes enceintes se trouvent plus vulnérables.

En ce qui concerne la toxoplasmose, maladie qui s'attrape au contact des chats à travers leurs excréments, pour éviter toute contamination, déléguez tout simplement, à votre cher et tendre, la corvée de la litière pendant toute la période de votre grossesse. Si cela n'est pas possible, portez des gants et lavez-vous consciencieusement les mains. Lavage de mains que vous devrez aussi effectuer à chaque fois que vous caressez votre animal. Nourrissez-le avec des croquettes et ne lui donnez ni viande crue ni lait cru. Évitez de dormir avec et oubliez les bisous. Il va de soi qu'un chat qui ne va pas dehors aura peu de risque de vous contaminer. A l'inverse, un chat qui est en contact avec l'extérieur aura plus de chance d'être porteur du parasite.

Ces mêmes habitudes vous éviteront d'attraper la teigne, qui se transmet par un champignon qui se loge dans les poils et les plumes de nos amis les bêtes. C'est une maladie bénigne, sans risque donc pour vous ou pour bébé, mais qui reste toutefois difficile et longue à soigner chez les femmes enceintes.

Et si vous êtes adepte des NAC (nouveaux animaux de compagnie) tels que les reptiles, rongeurs, insectes, araignées, etc. Attention aux risques de salmonellose. La salmonellose est cette même maladie bactérienne que vous pouvez attraper en mangeant des aliments d'origine animale crus, pas assez cuits ou encore des fruits, légumes et herbes aromatiques mal lavés. Ces bactéries font parties de la flore digestive de ces animaux et peuvent être risquées pour la femme enceinte. Quelques bonnes habitudes seront à prendre afin d'éviter tout risque de contamination. Ne laissez pas, par exemple, les reptiles ou les rongeurs se promener librement chez vous. Gardez-les en cage afin de ne pas propager les bactéries. Ne nettoyez pas la cage ou l'aquarium dans la cuisine afin d'éviter tout contact avec les aliments.

En faisant attention à ces détails, vous pourrez vivre en parfaite harmonie avec votre boule de poils ou autres spécimens.

**La nausée, pas si matinale que ça**

Si vous pensiez que la nausée était uniquement temporaire et matinale vous pourriez être déçue!

Certaines futures mamans ont la nausée toute la sainte journée et ce malgré les divers traitements préconisés qui ne s'avèrent pas toujours être très efficaces.

D'autres, plus chanceuses, ne ressentent des nausées que jusqu'en fin de matinée, avec un reste de journée plutôt tranquille! Mais les matins peuvent être rudes!

Et puis il y a les supers-méga chanceuses qui n'ont pas du tout de nausées! Si, si, elles existent et sachez, Mesdames, que l'on vous déteste!

Quelques conseils et astuces naturelles qui pourront vous soulager :

- Buvez 1/2 jus de citron mélangé à un peu de gingembre dans un verre d'eau tiède.

- Relaxez-vous! Le stress est mauvais de toute manière aussi bien pour vous que pour bébé. Faites de votre réveil un moment de douceur, prenez votre temps, respirez et extirpez-vous lentement de votre lit après avoir avalé une biscotte ou une tranche de pain grillée (avant le petit-déjeuner).

- Les tisanes, certaines graines et épices peuvent aussi vous soulager. Essayez une infusion au gingembre ou mâchez quelques graines de fenouil ou d'anis. Vous pouvez également infuser quelques feuilles de framboisier, de camomille ou de mélisse. Mais consultez toujours votre médecin avant de prendre des aliments même naturels, pour être bien sûre qu'ils vous conviennent.

- Le vinaigre de cidre bio peut également devenir votre allié anti-nausée. A utiliser en boisson ou en compresse sur le ventre. Trempez un linge dans du vinaigre de cidre tiède et posez-le au niveau de l'estomac. Vous pouvez renouveler l'application une fois que le linge se refroidit. Attention, on parle bien de vinaigre de cidre et non pas de cidre!

- Hydratez bien votre corps en buvant beaucoup d'eau, régulièrement tout au long de la journée. Surtout si vous vomissez!

- Évitez les odeurs fortes qui vous sont désagréables (odeurs de cuisson, de friture, de fromage, parfums, crèmes, produits ménagers...). A l'inverse certaines senteurs, telles que celles des agrumes, peuvent être apaisantes et agréables.

- Aérez bien les pièces pour renouveler l'air et fuyez bien évidemment les espaces fumeurs, très nocifs pour bébé!

- N'avalez pas de trop grandes quantités de nourriture et prévoyez plutôt plusieurs petits repas sur la journée. Mais n'attendez pas d'avoir faim. Grignotez quelque chose avant de vous coucher et dès le réveil, avant de sortir du lit.

- Consultez votre médecin et demandez-lui s'il peut vous prescrire des vitamines telles que la vitamine B6.

## Au secours mes jambes gonflent!

Vous aimez les ballons de baudruche? Tant mieux car vous en allez en avoir un à chaque cheville, surtout pendant le dernier trimestre!

Chaleur et grossesse ne font pas bon ménage. Fuyez au possible les bains trop chauds et pensez à faire des bains de pieds d'eau fraîche ou à terminer votre douche par un jet d'eau froide sur vos jambes.

Essayez de surélever vos jambes quand vous dormez.

Ayez la main légère sur la salière et les aliments salés (chips, cacahuètes grillées...).

Utilisez des bas de contention, des crèmes anti-jambes lourdes et privilégiez les vêtements amples et confortables. Profitez-en pour choisir une activité que vous pourriez tester : natation, aquagym, sans oublier de toujours marcher, marcher et encore marcher pour faire circuler le sang.

Ce ne sont pas des remèdes qui feront disparaître à coup sûre tous vos problèmes, mais ils vous aideront et vous soulageront pendant un petit moment.

**Les douleurs ligamentaires**

Ce sont des petites douleurs qui apparaissent généralement durant le deuxième trimestre et se ressentent au niveau du bas ventre, du dos. Elles sont dues à l'étirement des ligaments, pour faire de la place au bébé dans le ventre de la maman. Une sensation légèrement désagréable pour certaines femmes et malheureusement bien plus pénible pour d'autres (nous ne sommes pas toutes égales face à la douleur). Mais rien de bien grave en soi. Tout rentrera dans l'ordre quelques temps après l'accouchement.

Discutez-en avec votre médecin afin qu'il puisse vous conseiller des remèdes.

La ceinture de grossesse étant une bonne solution parmi plusieurs autres.

En ce qui concerne les médicaments, le paracétamol et le magnésium peuvent vous soulager. Mais là encore, consultez votre médecin avant de prendre quoi que ce soit!

## Les douleurs dues à l'élargissement du bassin

Plus les mois passent, plus vous vous alourdissez et plus il faut faire de place à bébé dans l'utérus, car celui-ci appuie sur le bassin. Cette sensation de poids fini par élargir le bassin, par conséquent vous ressentez une douleur entre les jambes qui est fort désagréable lorsque vous marchez. Il ne faut surtout pas arrêter de faire des ballades, de bien respirer afin d'alimenter le fœtus en oxygène. Marchez à votre rythme, aucune pression. Il est important de rester active même si vous ne vous prévoyez pas de courir un marathon dans l'immédiat.

**Les coups de pieds de bébé!**

Voici un petit désagrément qui n'en est pas vraiment un puisqu'il rassure sur le bien être de bébé dans le ventre de maman et compense les sensations étranges qui donnent l'impression qu'un extraterrestre s'est logé en vous. Vous devriez commencer à percevoir les mouvements entre la 18ème et 20ème semaine d'aménorrhée, parfois un peu plus tard.

Bébé bouge moins pendant que vous êtes en mouvement car cela berce le petit veinard qui en profite pour dormir. Mais lorsque vous êtes détendue ou allongée il en profite pour vous donner quelques coups de pieds et vous ressentez alors ses mouvements. Une sensation qui pourrait être qualifiée de désagréable si elle n'était pas liée à bébé mais qui se révèle être tellement impressionnante que vous finissez par guetter chaque mouvement de votre ventre. Vous ressentez un sentiment de fierté lorsque vous voyez votre ventre bouger. C'est une sensation particulière, parfois un peu douloureuse mais qui n'en reste pas moins une expérience tout simplement indescriptible.

Les différentes sensations que vous ressentez vous indiquent la manière dont le bébé est placé. Si vous ressentez des coups de pieds dans le bas du ventre, c'est que bébé est placé la tête vers le haut et se présente par le siège. S'il donne des coups dans vos côtes, c'est qu'il est probablement placé la tête vers le bas.

## Les reflux! (ou j'adore dormir assise)

Lorsque votre ventre commence à prendre un certain volume, le fœtus appuie sur l'estomac, ce qui provoque des reflux gastriques. L'augmentation de la production d'hormones fait aussi parti des raisons de ces reflux.

Afin de les éviter et soulager les brûlures d'estomac, suivez ces quelques conseils :

- Ne dînez pas trop tard, mangez léger, évitez les plats épicés, les aliments gras et acides (chocolat au lait, tomates, ail et oignons, caféine et théine, boissons gazeuses, lait, agrumes et jus d'agrumes, les fritures, les desserts gras et trop riches). Et ne buvez pas trop le soir car cela risque de tout faire remonter une fois que vous êtes en position horizontale.

- Mastiquez bien vos aliments et prenez votre temps en mangeant doucement.

- Évitez les assiettes bien remplies et préférez manger de petites portions réparties sur la journée.

- Évitez de boire en mangeant. Buvez beaucoup d'eau mais entre les repas.

- N'allez pas vous coucher immédiatement après avoir eu votre repas. Attendez quelques heures et profitez-en pour faire quelque chose de relaxant.

- Dormez légèrement surélevée, en rajoutant un ou plusieurs coussins supplémentaires, ou en surélevant un peu la tête du lit. Cela vous maintiendra en position semi-assise et vous évitera ces dits reflux. Si vous avez des problèmes dus à cette position pas très confortable, consultez un kinésithérapeute qui vous soulagera de vos petits maux. Vous pouvez aussi vous procurer des coussins de grossesse et relaxation, comme par exemple sur le très joli site *Maman naturelle* : www.maman-naturelle.com.

- Préférez les vêtements amples et confortables qui ne vous serrent pas le ventre.

- Faites attention à votre posture en évitant de trop vous courber et faire pression sur votre ventre. Si toutefois rien n'y fait et que les douleurs persistent, vous pouvez prendre des anti-acides à base de calcium mais sans aluminium et sans en abuser. Faites un petit saut à la pharmacie, votre pharmacien devrait avoir de quoi vous soulager un petit moment.

**Bien se nourrir mais pas trop**

Pour éviter l'imitation parfaite de la baleine blanche, il faut aller contre les idées reçues. On ne mange pas pour deux, non. On n'en a pas besoin! On mange normalement, on équilibre du mieux possible ses repas en variant au maximum les aliments pour donner le nécessaire à bébé. Mangez des fruits, des légumes, des viandes variés, évitez de grignoter entre les repas. Ou alors grignotez intelligemment en privilégiant les aliments sains! Mangez des yaourts, source de calcium ou des fruits, source de vitamines. Vous pouvez même manger des protéines comme du blanc de poulet, par exemple.

On entend souvent les femmes dire : "Je vais me lâcher pendant ma grossesse". Tentant n'est-ce pas? Eh bien dites-vous que même si c'est effectivement le moment ou jamais de vous faire plaisir, ce que vous ne prenez pas en poids pendant la grossesse, vous n'aurez pas à le perdre après...à méditer! Mais vous faites comme bon vous semble. Essayez simplement de garder un certain équilibre autant pour vous que pour le bébé.

Par contre buvez pour deux! De l'eau bien entendu! Vous aurez besoin de faire le plein de magnésium et de calcium.

**Le sommeil, tantôt ami, tantôt ennemi! Comment le dompter!**

Un phénomène assez intéressant se produit quand vous êtes enceinte : suivant le mois de grossesse dans lequel vous êtes, vous ne dormez pas de la même façon.

Au début, durant le premier trimestre, c'est perte d'énergie et appel du lit en permanence. Vous vous sentez fatiguée. Plutôt logique si on pense que votre organisme fabrique un être humain, ce qui n'est pas une tâche facile! Aidez-le donc en vous reposant comme il se doit.

Puis vos forces reviennent durant le second trimestre. Et enfin, dans les derniers mois de grossesse, vous avez un sommeil super léger et agité. Le moindre bruit, mouvement du conjoint, ou de soi-même d'ailleurs, les crampes, les douleurs de dos, bébé qui décide de faire la danse de la joie dans le ventre, l'envie de vider votre vessie fréquemment, etc. vous empêchent de passer des nuits paisibles. Tout cela dépend également de votre état physique et psychologique.

Essayez de rendre votre environnement le plus agréable et paisible possible. Faites de votre chambre à coucher un lieu de détente et de bien-être. Pas de lumière agressive, des rideaux opaques qui ne laissent pas passer la lumière le matin, quelques bougies si cela vous apaise avant de vous coucher. Mettez plusieurs coussins sur le lit, ils vous serviront en cas de mal de dos et vous aideront à trouver une position confortable. Pratiquez des activités relaxantes telles que le yoga ou la sophrologie et si vous le pouvez ne boudez pas le plaisir de quelques minutes de sieste l'après-midi. Elles vous permettront de récupérer les précieuses minutes de sommeil qui vous manquent mais ne vous empêcheront pas de bien dormir la nuit suivante. Si les siestes ne fonctionnent pas pour vous, essayez alors de vous coucher plus tôt et à heures régulières.

Relaxez-vous dans un bon bain, pas trop chaud, avant de vous coucher. Et si votre grossesse est bien avancée, faites-vous aider à rentrer et à sortir du bain en toute sécurité.

Vous pouvez tout aussi bien en profiter pour demander à votre conjoint de vous faire un petit massage des jambes.

Vous n'arrivez toujours pas à trouver le sommeil? Ne stressez pas, cela n'arrangera rien. Levez-vous, écoutez une musique douce, lisez un livre ou feuilletez un magazine et essayez de vous relaxer en attendant que le sommeil revienne. Préférez peut-être un roman ou un livre comique au genre horreur, sauf si c'est vraiment votre tasse de thé.

**Hormones de grossesse sortez de ce corps!**

La progestérone, l'œstrogène, le cortisol, les endorphine… toutes ces hormones vous en feront voir de toutes les couleurs et vous joueront des tours en début de grossesse. Elles vous feront passer du rire aux larmes en un rien de temps. Ce sont ces vilaines qui sont responsables de vos sautes d'humeur pendant votre grossesse. Mais pas que!
D'autres facteurs qui nous rendent vulnérables sont à prendre en compte.

Côté bouleversements physique, la plupart des femmes enceintes voient apparaître ou s'aggraver des problèmes de peau, ressentent des démangeaisons.

Cellulite, vergetures, varices autant de choses désagréables qui pour la plupart disparaissent après l'accouchement. Et toujours cette injustice qui ne loge pas les femmes à la même enseigne.

Bébé rime avec responsabilités, de quoi déjà vous sentir bien chamboulée! Mais vous pourriez également entendre votre cher et tendre (Attention Messieurs au remontage de bretelles!) vous faire de gentilles et douces remarques qui vous feront sortir de vos gongs! "Je comprends ma chérie, ce sont les hormones qui te rendent nerveuse", la phrase facile qu'ils aiment tant ressortir à diverses occasions et qui les dégage de toute responsabilité. Rien de plus doux à votre oreille!

Il est vrai que pendant cette période vous êtes dépendante de vos hormones. Si on y ajoute la fatigue, vous pouvez vous surprendre à pleurer pendant une publicité par exemple, chose qui fort heureusement n'arrive pas en temps normal. Mais c'est un peu facile et injuste de mettre systématiquement chacune de ces émotions sur le compte de la grossesse. Après tout, nous ne sommes pas que des petites choses émotives qui nous énervons pour un rien! Et si on se fâche, c'est que l'on peut aussi avoir de bonnes raisons de le faire (non, aucune mauvaise foi là-dedans!). Cependant, «amour» ne le verra pas de cet œil-là. Essayez alors de lui faire comprendre que lorsque vous vous sentez lourde, que vous avez du mal à supporter le poids conséquent de votre gros ventre, qu'il fait chaud, que vous avez mal aux pieds, aux ligaments, au bassin et qu'il ne fait pas ce qu'il vous avait promis de faire, il faut bien avouer que la réaction peut s'avérer être quelque peu...virulente! Mais honnêtement, il le cherche un peu aussi, non?

Idem avec l'entourage, la famille, les collègues de travail, le patron. Le regard sur vous change, les questions pleuvent, les doutes et les peurs s'installent. Bref, que d'émotion!

## Baby-blues

Alors que vous aimeriez profiter de la joie de cette récente naissance de bébé, les bouleversements hormonaux peuvent venir gâcher ce moment en provoquant une dépression passagère appelé le baby-blues. De nombreuses femmes connaissent cet état qui survient quelques jours ou quelques semaines après l'accouchement. Un sentiment de panique, de solitude, d'anxiété s'installe alors chez la maman. Elle se sent incapable de bien s'occuper de son bébé, se sent vulnérable, les nerfs à vif, triste, perdue et à un manque de confiance en elle. Le baby-blues peut disparaître aussi facilement qu'il apparaît, après quelques jours ou quelques semaines. Vous pouvez demander conseil à un homéopathe, afin qu'il vous trouve un traitement adapté qui pourra vous aider à traverser cette période délicate.

Certains facteurs et changements seront tout de même à prendre plus au sérieux. En effet, il faudra apprendre à reconnaître les signes de la dépression qui s'installe plus facilement chez la femme enceinte et qui peut entraîner des complications durant la grossesse et après la mise au monde de bébé. Ne négligez pas ces signes et faites-vous aider, la dépression est une maladie qui se soigne! Les symptômes de la dépression sont souvent : une grande fatigue et lassitude permanente, une baisse de moral, des crises de larmes à répétition et sans motif apparent, une perte d'intérêt pour les activités que vous aimiez faire auparavant, une perte d'appétit. Pour éviter de prendre des risques, soyez à l'écoute de votre corps et consultez un spécialiste en cas de doutes. Ne laissez pas votre état se dégrader.

Cet état peut encore une fois passer tout seul après quelques temps. Cependant, si après plusieurs semaines vous ne constatez aucune amélioration, à ce moment-là il est temps de consulter et de vous faire aider!

**Et si vous testiez l'ostéopathie?**

Avec tous les désagréments dont on vous a parlé, ces petits maux, ces douleurs, cet inconfort, ces changements inévitables dans votre corps, il faut bien des solutions pour y remédier, pour vous aider et vous soulager! Fort heureusement, elles existent! Parmi ces solutions pourquoi ne pas essayer l'ostéopathie!

Vous voyez assez de médecins comme ça, allez-vous certainement vous dire! Sauf que là nous sommes plus dans une optique de bien-être, de soulagement. La thérapie ne nécessite aucun traitement médicamenteux et consiste en une manipulation manuelle douce qui permet de réajuster et équilibrer votre organisme. C'est une médecine douce qui va vous aider à soulager les douleurs, les tensions, en se basant sur vos besoins.

Cette technique peut soulager mais aussi prévenir bien des maux : problèmes de dos, douleurs du bassin, du coccyx, de genoux, les jambes lourdes, les problèmes de digestion, de constipation, de ballonnements, de brûlures d'estomac, etc. Cela va également avoir sur vous un effet relaxant.

On sent après une séance qu'il y a eu un travail de fait (toujours en douceur), on en ressent rapidement les bienfaits et on se sent apaisé.

Vous pouvez aussi très bien faire quelques séances préventives, sans forcément avoir de problèmes à la base.

L'ostéopathie pourra vous accompagner tout au long de la grossesse et ce jusqu'à l'accouchement.

Par la suite, vous pourrez aussi y emmener bébé pour une consultation. Là encore les séances pourront l'aider à avoir une meilleure digestion, le soulager en cas de coliques, à retrouver un sommeil paisible et toujours de manière préventive contre les problèmes d'asthme, améliorer sa respiration, sa posture, rééquilibrer son métabolisme, le relaxer, etc. Les avis sont souvent mitigés, mieux vaut se faire sa propre opinion.

En conclusion, l'ostéopathie peut-être aussi bénéfique pour maman que pour bébé!

# CHAPITRE 5 :

# ENCEINTE ET AU BOULOT !

**Un seul mot d'ordre : se préserver sans se ramollir!**

Quel que soit le métier que vous exercez, vous êtes certainement amenée à faire face au stress, à l'effort, la fatigue, à tous ces désagréments physiques et psychologiques qui font votre joie au quotidien sur votre lieu de travail. A moins d'être critique gastronomique? Et forcément nous rendre toutes jalouses! Si toutefois vous ne faites pas partie de ces chanceuses et que durant vos journées de travail vous êtes amenée à passer de longues heures assise derrière votre bureau, pensez à aménager plusieurs petites pauses dans votre emploi du temps et n'hésitez pas à faire quelques pas de façon régulière.

Être enceinte n'est pas une excuse pour ne plus bouger de son siège! Il est vivement recommandé de rester active pendant votre grossesse.

Profitez-en pour faire quelques exercices de Kegel[1] sans même bouger de votre bureau. Très simple à effectuer, ces exercices consistent à contracter, et de ce fait tonifier et renforcer les muscles du plancher pelvien. Petite pause pipi avant de démarrer des petites séries de cinq secondes.

---

[1] Exercices inventés par le gynécologue Américain du milieu du 20ème siècle, Arnold Kegel.

Vous pouvez également en profiter pour muscler vos fessiers. Sur le même principe que l'exercice précédent, on contracte les muscles pendant quelques secondes, on relâche puis on recommence. Si vous ne voulez pas que les personnes autour de vous se demandent ce que vous avez à sautiller sur votre chaise, alternez en contractant une fesse à la fois. Ni vu, ni connu!

Il y a plusieurs petits exercices très faciles à effectuer en toute discrétion qui vous aideront à soulager ou à éviter bien des maux et des désagréments pendant votre grossesse.

Si à l'inverse votre travail vous oblige à rester debout durant de longues heures, accordez-vous des pauses durant lesquelles vous pourrez vous asseoir et faites quelques étirements.

N'oubliez pas de maintenir une bonne posture en position assise. Bien souvent les futures mamans commencent à ressentir des douleurs au niveau du dos à partir du cinquième mois.
Vous pouvez également adopter une ceinture ou un bandeau de grossesse qui vous aidera à soutenir votre ventre.

Optez pour des chaussures plates si vous sentez qu'il est temps de mettre vos talons temporairement au placard.

Et si vraiment vous exercez un emploi particulièrement contraignant et fatiguant, ne forcez pas, ne cherchez pas à dépasser vos limites et à jouer les super héroïnes. Parlez-en à votre gynécologue qui saura vous conseiller et vous recommandera de vous arrêter si cela devient vraiment nécessaire.

N'oubliez pas que le travail ce n'est pas la vie! La vie elle est en vous et vous devez la préserver.

**Déléguer et revoir ses priorités!**

Vous allez certainement être amenée à former la personne qui vous remplacera durant votre congé de maternité. Ne vous mettez pas de pression inutile et faites en sorte que votre remplaçante devienne opérationnelle rapidement. Cela lui rendra autant service qu'à vous.

Si toutefois vous n'avez pas la possibilité de déléguer vos tâches, prenez le temps de respirer et n'oubliez pas les fameuses petites pauses et les exercices que nous avons évoqués précédemment.
Soyez toujours à l'écoute de votre corps! C'est lui qui vous indique quand il est temps de lever le pied et si vous vous sentez fatiguée, Reposez-vous!

Si encore une fois vous n'avez pas la possibilité de le faire dans l'immédiat, essayez de vous faire aider en faisant appel à la bonté de vos collègues. Ils seront bien assez sympas de donner un coup de pouce à une femme enceinte. Ne soyez pas gênée de demander de l'aide!

**Vive les Conventions collectives!**

Lorsque vous apprenez que vous êtes enceinte, voir même avant de l'être, informez-vous bien sur les avantages que la convention collective de votre société offre aux femmes enceintes.
Renseignez-vous auprès du service des ressources humaines, comptable ou financier. Ils sont là pour la mettre à disposition des salariés.

Certaines conventions collectives offrent, par exemple, la possibilité d'arriver plus tard au travail et de terminer plus tôt, ce qui n'est pas négligeable lorsque vous vous sentez lourde et fatiguée!
Elle vous permet également de faire vos consultations médicales pendant vos heures de travail.

La convention peut, dans certains cas, vous faire bénéficier d'un congé de maternité plus long. Il est bon de préciser que lorsque la convention collective est plus avantageuse que la sécurité sociale, elle prime sur celle-ci!

Bien entendu, certaines conventions sont plus avantageuses que d'autres. Mais quoi qu'il en soit, il est important de bien se renseigner sur tous les avantages et les aides qu'elles peuvent vous apporter. Comme, par exemple, les journées de congés enfant malade, très utiles après l'arrivée de bébé.

Ce seront toujours des petits plus qui viendront s'ajouter. Toute aide étant bonne à prendre!

# CHAPITRE 6 :

# METTRE AU MONDE! LA VOIE BASSE? LA CESARIENNE? PEUT-ON CHOISIR?

## Un, deux, trois...accouchez!

Vous projeter dans la vie avec votre angelot est une chose, mais avant cela vous devez passer par la délicate étape de l'accouchement.

On se sent souvent motivée pour faire un enfant et c'est une joie immense lorsque l'on pense au jour où il sera enfin là. Cependant, de nombreuses femmes sont gagnées par la panique au moment fatidique de la délivrance! Il est important donc de se préparer psychologiquement à ce qui va se produire durant cette phase délicate.

D'un côté, on trouve les « zen », celles qui appréhendent la chose tranquillement, avec calme et philosophie. Et il y a les autres, celles qui hurlent à plein poumon à la première petite contraction et qui veulent finalement faire machine arrière. C'est pour cette raison qu'il faut absolument, Mesdames, faire un travail sur vous-même, afin d'éviter la grosse panique en bout de course. Plusieurs solutions se présentent à vous et ont pour but de vous aider à y arriver.

### Allez chercher les «bons» conseils! (et jetez les autres...)

Dans un premier temps vous pouvez, par exemple, faire une petite enquête autour de vous. Discutez, parlez-en avec celles qui sont déjà passées par là et qui pourront vous guider sur ce à quoi vous devez vous attendre et comment vous y préparer au mieux.

Posez-vous les bonnes questions et essayez de définir ce qui vous fait le plus peur dans la mise au monde de bébé. Est-ce la péridurale? L'épisiotomie? La césarienne? La douleur? Les contractions? Un peu tout ça à la fois? Essayez de trouver des moyens de faire diminuer vos angoisses.

Parlez-en avec les personnes en qui vous avez une totale confiance et avec lesquelles vous vous sentez à l'aise. Ne vous confiez pas à n'importe qui, vous avez besoin de conseils de personnes bienveillantes.

Chéri, j'ai besoin de toi!

En vous confiant à votre partenaire vous pourrez également trouver le soutient qui vous sera indispensable en ces moments. Vous vous sentirez déjà un peu plus apaisée et rassurée d'être accompagnée.

Demandez conseils aux pros!

Vous avez la possibilité de suivre des cours de préparation à l'accouchement.

Il faudra alors vous y inscrire suffisamment tôt pour avoir une garantie de place.

Les cours se déroulent généralement dans l'établissement dans lequel vous accoucherez.

Vous y apprenez avant tout le déroulement de la venue au monde de bébé, les étapes importantes et ce qu'il faut faire à chacune d'entre elles. Mais aussi des détails tels que la signification du terme «perdre les eaux» et que faire lorsque cela se produit. Toutes les informations concernant les contractions y sont abordées. Quand vous rendre à l'hôpital en cas de contractions rapprochées et quel laps de temps entre ces dernières doit vous alarmer ou non. On vous apprend à respirer et à pousser dans les moments cruciaux, etc. En résumé vous saurez tout ce qui vous sera indispensable le jour J.

Cependant les cours ne soulèvent pas uniquement les questions de l'accouchement mais également celles qui s'y rattachent : l'après-naissance, le retour à la maison, etc. On vous y explique tout sur le déroulement de l'accouchement, sur votre prise en charge, la visite des locaux, afin que vous ne les découvriez pas au dernier moment et de ce fait que cela soit moins impressionnant. Vous apprenez à gérer vos émotions, à vous occuper de bébé après l'accouchement, à bien le tenir, le changer, lui donner le bain, etc.

Ces cours ne sont pas obligatoires et vous pouvez choisir de ne pas y assister. Ce n'est pas pour autant que votre accouchement se passera mal. Il arrive que certaines femmes trouvent plus rassurant de ne pas connaître le moindre détail du processus. La politique de l'autruche peut fonctionner dans certains cas!

Ceci étant dit, on y apprend beaucoup de choses qui seront importantes et utiles pour la suite des événements. Tout particulièrement pour les femmes dont c'est le premier accouchement.

Un autre point intéressant, qui constitue un élément plus que rassurant, ce sont les réponses que l'on vous apporte aux questions que vous n'oserez peut-être pas poser. Il y aura toujours une autre future maman pour les poser à votre place et vous pourrez alors profiter des réponses.

Sachez qu'il y a également des cours de préparation à la venue au monde de bébé spécialement réservés au futur papa. Encouragez-le à y participer, cela l'aidera à bien comprendre son rôle et son implication dans la vie de son enfant et vous évitera certaines mises au point après la venue de ce dernier.

Certains préconisent également les cours de sophrologie, une méthode destinée à apprendre à dompter la douleur et à apprendre à se détendre.

Ou encore le yoga, en préparation à l'accouchement, avec des exercices de respiration et de détente dans le but de mieux vivre cette épreuve.

Toutes ces méthodes seront plus ou moins efficaces selon les personnes. Comme bien souvent, plus on est réceptif et plus cela a de chances de fonctionner. Et puis à partir du moment où cela ne vous cause pas de tort, pourquoi ne pas tester une de ces activités et mettre toutes les chances de votre côté afin que l'arrivée de bébé se passe dans les meilleures conditions possibles.

**Voie basse ou césarienne? On peut choisir mais il ne faut pas le dire!**

Vous ne le saviez peut-être pas mais la sécurité sociale Française a renforcé les conditions d'obtention d'une césarienne à cause de nombreux abus.

Il est plus simple pour un médecin d'organiser le planning des naissances plutôt que d'attendre la venue naturelle de bébé...à 3h du matin!

Cette méthode étant très coûteuse pour la sécurité sociale, celle-ci oblige les médecins à ne plus pratiquer de césarienne qu'en cas de nécessité avérée. Par ailleurs cela reste une intervention chirurgicale ce qui n'est jamais anodin. Il est certes difficile d'obtenir une césarienne mais pas impossible si on le souhaite. Il faut être bien renseignée sur son déroulement.

C'est pourquoi nous allons soulever la question de l'accouchement et de la césarienne afin que vous puissiez peser les pour et les contre et choisir le mode d'accouchement qui vous convient le mieux!

**Oui à la voie basse, mais à quel prix!**

L'accouchement par voie basse signifie mettre au monde son enfant de façon naturelle.

Lorsque la grossesse se passe sans encombre (pas de diabète gestationnel, pas de problèmes de tension artérielle et pas de soucis au niveau du fœtus) il faut se tenir en alerte à partir du huitième mois. Il faut surveiller les contractions et les chronométrer lorsqu'elles deviennent de plus en plus rapprochées et/ou douloureuses.

Nos muscles abdominaux se contractent pour aider à expulser bébé de l'utérus. Les contractions commencent très tôt dans la grossesse, vers le quatrième mois quand bébé commence à bouger et provoquent un simple durcissement du ventre que l'on peut soulager en massant la zone contractée.

Elles deviennent plus intenses et de moins en moins espacées lorsque l'on se rapproche de l'accouchement. Il faut alors appeler l'hôpital ou la clinique qui va vous accueillir pour voir si vous devez vous présenter immédiatement ou bien si vous pouvez attendre encore un peu. Bien entendu si vous avez perdu les eaux, foncez immédiatement à la clinique, bébé arrive!

A la clinique ou à l'hôpital, si vous avez la possibilité, demandez une chambre individuelle. Si vous avez une mutuelle vous n'aurez aucun frais à débourser et vous serez bien plus à votre aise seule plutôt qu'avec une autre maman qui risque de vous perturber ou vous stresser.

Une fois installée, la sage-femme viendra vérifier régulièrement l'ouverture de votre col de l'utérus. En fonction de cela, il décidera de vous faire une péridurale immédiatement si le col est assez dilaté ou d'attendre encore un peu. Il se peut que vous attendiez très longtemps avant l'ouverture du col.

L'inverse est aussi possible, certaines femmes arrivent à l'hôpital avec le col déjà bien dilaté. Dans ce cas il est trop tard pour vous faire poser la péridurale, bébé est pressé de sortir, vous accoucherez donc plus vite.

Si vous avez assisté au cours d'accouchement sans douleur (un terme qui reste discutable et relatif...) vous devriez bien vous en sortir. Et même si vous n'y avez pas assisté, vous vous en sortirez bien quand même! Imaginez comment faisaient nos grand-mères à l'époque? Eh bien oui, elles se dépatouillaient comme elles le pouvaient. Et si nous sommes là aujourd'hui c'est qu'elles ont fait du bon boulot! Et vous le ferez tout aussi bien!

Rassurez-vous tout de même, il y a eu du progrès depuis!

Une fois le col ouvert on vous emmène au bloc et on vous guide pas à pas. On vous demandera de :

- respirer comme on vous l'a appris durant les cours de préparation à l'accouchement

- de pousser quand il faut pousser
- d'arrêter de pousser quand il faut arrêter.

Vous n'aurez qu'à vous laisser guider et suivre ces instructions.

Vous lutterez pour aider votre bébé à venir au monde et vous sentirez chaque étape sans douleur, grâce à la péridurale (voir explications un peu plus bas) jusqu'à l'expulsion.

Enfin arrive le moment tant attendu! La rencontre avec ce petit être qui a fait partie de vous durant ces neuf mois. Le gynécologue, ou bien la sage-femme, vous propose à vous, ou à votre conjoint, si celui-ci est présent, de couper le cordon.
On nettoie brièvement le nouveau-né et on le dépose sur votre poitrine. Quelques instants pour reprendre des forces et profiter de ce merveilleux moment de douceur après tant d'efforts.

**Qu'est-ce qu'une péridurale?**

Aujourd'hui, la péridurale peut être demandée par toutes les futures mamans mais elle n'est pas systématique et plusieurs facteurs doivent être pris en compte. Elle n'est pas non plus obligatoire et la maman peut très bien faire le choix de ne pas se la faire administrer.
Certaines femmes considèrent que la péridurale les prive de la sensation de donner la vie à leur bout de chou, tandis que d'autres

préfèrent ce petit coup de pouce qui diminue la douleur et allège l'accouchement.

Un produit anesthésiant vous est injecté par le médecin anesthésiste, dans le dos, entre la troisième et la quatrième lombaire.

Il existe plusieurs types de péridurales : l'anesthésie péridurale, la Rachianesthésie et la péri-rachianesthésie. Oui, tout ça est un peu compliqué mais ne vous inquiétez pas, votre gynécologue est là et il sait ce qu'il fait. En attendant, nous vous expliquons dans les grandes lignes, les différences entre ces méthodes afin que vous ne soyez pas trop perdue le jour J.

**La Rachianesthésie** est plutôt utilisée dans le cas d'une césarienne, auquel cas une dose d'anesthésiant est injectée en quelques minutes seulement dans la colonne vertébrale et durera environ deux heures. Ce qui est largement suffisant puisqu'une césarienne est réalisée assez rapidement (moins d'une heure).

La pose de **la péridurale** quant à elle prend un peu plus de temps (entre 15 et 20 minutes). Un cathéter sera installé, toujours dans le dos et administrera des doses d'anesthésiant plus élevées que pour la rachianesthésie, lorsque cela est nécessaire et que l'effet ne se fait plus sentir (après deux heures environ).

Quant à la **péri-rachianesthésie**, c'est un mélange entre les deux (péridurale et rachianesthésie). Cette technique est souvent utilisée dans le cas où la maman aurait déjà subi plusieurs césariennes lors de ces précédents accouchements.

Lors d'une césarienne, il arrive aussi que le médecin effectue une anesthésie générale.

**L'épisiotomie**

Encore un nom barbare et effrayant qui fait trembler toutes les femmes! Mais pourquoi cela? Tout simplement parce qu'il s'agit d'une incision du périnée faite par les médecins au moment de de l'accouchement. Autant dire que ce n'est pas la partie la plus plaisante du processus. Mais pourquoi faire une incision? Dame nature n'a-t-elle pas tout prévu en nous concevant suffisamment élastique!? Eh bien justement, l'épisiotomie a pour but d'éviter les déchirures des tissus au niveau vaginal, provoquées par le passage de bébé qui peut s'avérer plus délicat chez certaines femmes. Cette pratique destinée à aider la maman et le bébé n'est pas douloureuse grâce à l'effet de la péridurale. S'il n'y a pas eu de péridurale, le médecin fera alors une anesthésie locale.

Une fois l'accouchement terminé, l'incision est recousue, de la même façon, sous anesthésie locale.

Vous avez tout à fait le droit de vous exprimer sur la question et de demander à votre sage-femme ou votre gynécologue de ne pratiquer l'épisiotomie qu'en cas de grande nécessité.

Parlez-en bien avant l'accouchement.

Votre avis sera alors pris en compte le jour-J et le personnel médical mettra tout en œuvre afin d'éviter l'épisiotomie.

Si cette procédure n'est ni obligatoire ni systématique, elle reste toutefois indispensable dans certains cas (par exemple, si la tête du bébé ne passe pas) afin d'éviter les déchirures qui peuvent avoir de lourdes conséquences.

Les sensations d'inconfort et de douleur qui surviennent après l'accouchement sont dues aux conséquences de cette procédure. Saignements, difficultés à s'asseoir, à aller aux toilettes, cicatrisation douloureuse et difficile. Sans oublier la vie sexuelle, mise sur le mode «pause». Les douleurs disparaissent généralement après deux semaines. En attendant une bonne hygiène intime sera importante.

Si les douleurs persistent au-delà des deux semaines, il faudra alors consulter votre médecin.

**La césarienne programmée**

Lorsque vous attendez votre premier enfant vous vous demandez forcément comment cela va se passer! Et si cela ne se passait pas comme prévu? Et si le médecin était obligé de pratiquer une césarienne? A quel moment est-ce que cela se décide? La césarienne présente-t-elle des risques? Si oui, lesquels? N'est-elle pas réservée qu'en cas d'urgence?

Si l'on est du genre phobique de l'accouchement par voie basse, comment fait-on? On adopte? On s'assoit sur nos envies de pouponnage?

Bien sûr que non! Tout est toujours possible, sachez-le, mais il faut bien se renseigner au préalable et mettre toutes les chances de son côté.

La césarienne présente des risques comme toute chirurgie, certes, mais concrètement le risque est un peu plus élevé que l'accouchement dit «classique». Sachant que ce dernier peut présenter des complications tout aussi importantes et que la césarienne est la solution que l'on pratique dans les cas où ces complications se présentaient. Ainsi, si vous souhaitez obtenir une césarienne parce que vous avez trop peur de l'accouchement, par exemple, cette option reste possible.

Comment l'obtenir?

Tout d'abord, sachez que si vous n'êtes pas suivie dans un hôpital mais par un médecin de ville vous n'aurez pas à vous battre pour obtenir la césarienne. Il vous suffira de la demander et sans grande complication votre vœu sera exaucé. Idem dans le cas où vous compteriez mettre au monde votre petit ange dans une clinique privée. Il vous suffit de demander!

Evidemment, cette option sera acceptée sans difficulté si votre état de santé le permet, n'est-ce pas? Si vous avez des problèmes de tension ou du diabète gestationnel votre médecin prendra les décisions qui s'imposent dans l'intérêt de ses patients, à savoir vous-même et votre bébé!

Si vous n'êtes pas suivie par un médecin de ville et ne vous projetez pas de mettre au monde votre bébé dans une clinique privée, il va falloir retrousser vos manches pour obtenir une césarienne dite «programmée». Ce n'est pas une mince affaire mais cela n'est pas non plus mission impossible.

Dans le cas où votre bassin serait trop étroit, on accédera à votre requête sans problème.

Mais si ce n'est pas le cas, il vous faudra la demander à votre médecin gynéco/obstétricien. Demande qu'il refusera en bloc de prime abord. Il est censé vous expliquer tous les risques que présentent une césarienne et pourquoi l'hôpital a pour instruction de refuser ce genre d'intervention. Il vous donnera également la procédure à suivre si vous tenez encore à cette opération, malgré ses tentatives de dissuasion. Il vous faudra alors consulter en premier lieu le chef de service obstétrique (décisionnaire) puis consulter le psychiatre de l'hôpital et l'anesthésiste.

Petit conseil : avant d'aller voir le psychiatre, prenez rendez-vous avec l'anesthésiste et faites-lui part de vos peurs, de vos angoisses et de votre souhait de mettre au monde votre enfant par césarienne. Qu'il puisse en prendre note et ainsi peut-être vous soutenir lors de la prise de décision finale du chef de service.

## Comment affronter le psy

Avant d'aller voir le psy, il faut vous posez d'abord certaines questions.

Pourquoi souhaitez-vous cette césarienne? Essayez de penser aux angoisses que cette idée provoque en vous et exprimez-les. Soyez franche et sincère.

Si, par exemple, vous faites des cauchemars, pensez à le spécifier au psychiatre. Idem si vous avez des craintes, des phobies, etc. exprimez-les! Ne retenez pas vos émotions et vos larmes si cela vous angoisse à ce point, car le psy est là pour vous soutenir. Quoi qu'il arrive, en parler fait toujours du bien. Et quelle que soit sa décision finale, à savoir soutenir votre demande de césarienne ou la rejeter, il vous la fera savoir à la fin de l'entretien. Généralement, le psy abonde dans le sens du patient et dans ce cas le chef de service ne va jamais à l'encontre des recommandations de celui-ci, ce qui représente bien souvent une victoire pour la future maman. Rassurée, elle peut aborder sa fin de grossesse en toute sérénité.

Si par contre vous annoncer au psy que vous souhaitez une césarienne par soucis esthétique, de peur d'abîmer votre vagin, ne soyez pas étonnée par la réaction que vous obtiendrez en retour!

Même si cette idée vous a traversée l'esprit, évitez de l'exprimer à haute voix...cela ne vous rendrait pas service!

Le déroulement de la césarienne

La césarienne peut paraître effrayante pour certaines (la majorité des futures mamans) et rassurante pour d'autres. Toutes les femmes sont différentes et les femmes enceintes le sont d'autant plus car les hormones exacerbent les émotions.

Lorsque vous obtenez une date pour votre césarienne programmée (après vos péripéties évoquées plus haut) vous êtes admise la veille de la date de l'intervention. Les examens d'usage sont effectués pour s'assurer que tout va bien. Parfois on vous garde pour la nuit, parfois on vous renvoie chez vous si, par exemple, il y a trop d'accouchements, ou d'urgences, au même moment (par manque de lits). Dans le cas échéant vous devrez revenir le lendemain matin après avoir pris une douche à la Bétadine (règle d'hygiène qui consiste à prendre une douche préopératoire afin d'éliminer les germes et tout risque d'infection). Sinon vous la prendrez sur place avant l'intervention.

Comme évoqué précédemment, que ce soit un accouchement par voie naturelle ou une césarienne programmée, vous pouvez demander une péridurale.

L'arrivée au bloc opératoire se fait environ une demi-heure avant la césarienne. Les personnes qui s'occuperont de vous vous sont alors présentées. Une démarche bienvenue et rassurante. L'équipe d'infirmières et les aides-soignantes, les chirurgiens et l'anesthésiste seront tous là.

Les infirmières prennent le soin de vous installer et de vous mettre à l'aise. On vous administre une petite anesthésie locale (du même type que celle utilisée chez le dentiste) pour que la péridurale ne vous fasse pas mal. Si vous avez de la chance et que votre infirmière a suivi une formation en sophrologie elle vous aidera à penser à autre chose pendant que l'on vous pose le cathéter péridural.

Il est recommandé de ne surtout pas bouger et de se détendre pour que cela se passe dans les meilleures conditions possibles.

Une fois le cathéter installé, le médecin vérifie que tout fonctionne bien, puis installe le champ opératoire afin que vous ne puissiez pas voir le déroulement de l'opération (le gore ce n'est pas pour nous, d'autant plus que c'est de nous qu'il s'agit…).

Quand toutes les conditions sont favorables, le bébé peut sortir du ventre de maman en dix minutes montre en main. Grâce à la péridurale on peut ressentir le déroulement de l'expulsion mais sans aucune douleur.

Une fois que bébé est sorti du ventre de maman on pose votre petit ange sur votre poitrine pour faire les présentations. Tout ce que vous avez tant attendu pendant neuf mois, tout ce que vous espériez et tout ce que vous n'imaginiez pas ressentir un jour arrive et vous prend de plein fouet. Que vous soyez Xena la guerrière ou «Madame tout le monde», vous vous sentez heureuse et émue. Il se peut même que vous versiez une petite larme...Bon d'accord, 99.999% des femmes versent une petite larme en voyant leur progéniture pour la première fois.

Bébé est ensuite emmené, le temps d'une petite toilette. Le papa fait également connaissance et verse à son tour sa petite larme pendant que le chirurgien referme délicatement votre plaie. Puis on vous conduit en salle de réveil pour un moment familial riche en émotions. Si vous souhaitez allaiter votre bébé, bien souvent on vous propose d'essayer de le faire à ce moment-là.

Lorsque vous revenez dans votre chambre, la césarienne vous handicape un peu car vous ne pouvez pas vous lever. Les lits médicalisés vous seront d'une aide précieuse.

Et le papa sera ravi de vous aider dans vos tâches, puisqu'il devra faire tout ce que vous ne pourrez pas (saisissez l'occasion pour vous déchargez sur lui, vous avez l'excuse parfaite!). Votre mari est un boulet?! N'ayez crainte, les auxiliaires de puériculture le guideront.

La douleur reste présente un petit moment, après tout il s'agit d'une chirurgie, n'est-ce pas? Mais le corps médical fera tout pour vous soulager et des antidouleurs vous seront prescrits. Profitez-en pour vous reposer car bientôt les festivités vont commencer et vous n'aurez plus cette précieuse aide des sages-femmes, des auxiliaires de puériculture. Profitez de ces moments durant lesquels tout le personnel hospitalier est au petit soin pour vous. Dormez! Reprenez des forces! Vous n'aurez plus cette chance avant un certain temps.

Le lendemain de l'opération on vous fera marcher et vous sentirez la cicatrice tirer un peu. Pas de gestes brusques, ne portez rien, attendez que l'on vous mette bébé dans les bras, ne faites pas de contorsions pour l'allaiter ou le porter. Ménagez-vous!

**Accoucher autrement**

Il existe aussi d'autres façons d'accoucher, comme, par exemple, dans l'eau ou bien à domicile.

Dans certains pays comme au Pays-Bas, l'accouchement à domicile est une pratique très répandue alors qu'en France elle est beaucoup moins courante mais n'en reste pas moins accessible. Certaines femmes préfèrent donc ces modes à ceux dits plus «classiques».

Si vous sentez qu'un accouchement plus «naturel», ou atypique, vous convient mieux, renseignez-vous afin de connaître les démarches à suivre, les critères à remplir, les avantages mais aussi les risques que ces modes d'accouchements présentent.

Quelle que soit la méthode que vous choisirez, il s'agit de votre accouchement, la décision vous appartient, selon les possibilités dues à votre situation!

# CHAPITRE 7:

# ALLAITER OU NE PAS ALLAITER : TELLE EST LA QUESTION !

Nous nous apprêtons à aborder un sujet quelque peu épineux car l'allaitement suscite bien des débats. Il y a les pour, les contre et ceux qui prônent la mixité. Sans parler de toutes les questions que les femmes se posent à ce sujet et de la pression que leur fait subir la société.

Doit-on allaiter ou non? Quelle est la durée idéale? Que faire quand on n'a pas assez de lait? Ou que bébé refuse de téter? Qui détient au final la vérité sur les bienfaits de l'allaitement? Doit-on culpabiliser si on n'arrive pas à donner le sein?

L'allaitement est comme tout, à partir du moment où l'on se sent à l'aise avec cette pratique il n'y a pas de problème. Si par contre on ne l'est pas, cela devient problématique. Se voir imposer une pratique qui ne nous convient pas peut être ressenti par bébé. Transformer un moment qui pourrait être agréable (si vous échappez aux crevasses, aïe aïe aïe!) en calvaire, risque de créer un éloignement entre maman et bébé. Or ce n'est bien entendu pas le but de la manœuvre. Le but étant de nourrir au mieux bébé, de créer un lien, de développer son système immunitaire et évidement de partager un moment privilégié.

Et comme toujours, il y a les bons et les mauvais côtés dans ces différents cas de figure. Chaque femme doit donc se poser la question sur la façon dont elle souhaite nourrir son bébé. Sans encore une fois écouter la voisine ou copier la copine. Le choix de l'allaitement reste un choix très personnel. La meilleure solution sera celle que vous allez choisir. Celle qui vous rendra heureux, vous et bébé.

**Allaiter**

Le lait maternel est le moyen le plus naturel de donner à votre bout de chou tous les nutriments dont il aura besoin dès sa naissance. La nature est parfois bien faite et grâce à votre lait, bébé pourra grandir en développant ses défenses immunitaires. Les bienfaits du lait maternel sont nombreux. Autant pour votre petit que pour vous.

Les bienfaits du colostrum

Le colostrum n'est pas encore le lait que la maman va produire. Il s'agit d'un liquide, d'une substance jaunâtre qui précède le lait maternel. Pendant les trois ou cinq premiers jours qui suivent la naissance du bébé, c'est avec ce liquide que vous allez commencer à nourrir votre nourrisson. Liquide, qui sera ensuite remplacé par le lait et qui est un pur concentré d'anticorps, de protéines, de vitamines, de sels minéraux. Autant de bienfaits qui servent à protéger bébé des infections et qui sont irremplaçables. Les qualités nutritionnelles de ce liquide sont exceptionnelles et renforcent le système immunitaire de bébé.

Ne rêvez pas tout de même, cela ne fabriquera pas un bouclier infaillible et n'empêchera pas bébé d'attraper les microbes du quotidien. Par ailleurs le colostrum est très digeste pour le tout petit estomac du nourrisson.

Il lui permettra également d'évacuer ses premières selles car il a un effet laxatif. Ainsi bébé sera nettoyé de tous les déchets et toxines accumulés durant son séjour dans votre ventre.

Ne prenez pas peur en voyant ces selles visqueuses et noirâtre ou verdâtre, appelées également méconium dont le nourrisson va se débarrasser durant les 24h qui suivent sa naissance.

Au fur et à mesure que vous allaiterez, votre lait s'adaptera aux besoins de bébé.

Si vous choisissez de ne pas allaiter, vous pouvez tout aussi bien faire le choix de donner le colostrum à bébé (via le sein ou grâce à un tire-lait), puis de passer à une autre méthode que celle de la tétée.

<u>Bien manger pour bien nourrir bébé (adieu les régimes...maigrir vite on oublie)</u>

Lorsque l'on fait le choix de nourrir son bébé en l'allaitant, on se doit de se nourrir soi-même de façon équilibrée et nourrissante à la fois. Mais comme pendant votre grossesse, pas besoin de manger pour deux. Attention aussi aux idées reçues.

Par exemple, certains aliments seraient déconseillés à la maman qui allaite. Ainsi après l'accouchement, vous serez peut-être amenée à entendre que les poireaux, les asperges, l'ail, l'oignon, le chou-fleur, ou tout autre aliment fort en goût pourraient parfumer votre lait. Ce qui ne pose pas de problème en soit pour bébé. Bien au contraire, certains de ces aliments peuvent même amener bébé à téter plus et lui faire découvrir les différents goûts dès son plus jeune âge.

Il vous suffira de faire le plein de vitamines, de sels minéraux, de calcium, de fer, de vitamine D, de protéines, quotidiennement. Il faudra varier et équilibrer vos repas, tout comme vous le feriez en temps normal.
Privilégiez donc les produits naturels, les légumes verts et les laitages pour le calcium. Les bonnes huiles pour les lipides (huile d'olive, de colza, de tournesol, etc.), les viandes et poissons pour les protéines. Évitez de vous jeter sur les produits sucrés (sucre raffiné) et les mauvaises graisses. Privilégiez les sucres naturels ou non raffinés tels que les fruits, les fruits séchés, le sirop d'érable ou de dattes.

Testez la nourriture et adaptez vos repas selon vos goûts, votre digestion et les réactions de bébé. Ainsi évitez de manger des crudités ou trop épicé si vous voyez que votre petit montre un certain inconfort ou en cas de coliques. Privilégiez alors les aliments cuits. Mais si vous voyez que tout se passe bien, il n'y aura pas de raison d'arrêter de manger du curry.

Les aliments que vous consommez auront aussi un impact important sur votre production de lait. Ainsi certains vont augmenter la production (fenouil, lentilles, carottes, l'anis, le cumin, le basilique, la verveine) alors que d'autres la diminueront (le chou, le persil, la tisane de sauge).

En ce qui concerne les boissons et pour ne pas vous lasser de l'eau, vous pouvez la parfumer avec un peu d'agrumes (orange, citron), quelques fruits ou de la menthe fraîche.

Quant au thé et au café, évitez d'en consommer en grande quantité et préférez le café décaféiné, les infusions ou le thé déthéiné.

Alcool et cigarettes sont à bannir! Ils passent dans votre lait et par conséquent seront absorbés par bébé.

Le fait d'allaiter votre bébé vous aidera à reconstruire votre utérus plus rapidement en provoquant des contractions douloureuses. Ainsi, petit à petit, votre utérus reprendra sa taille initiale. Cela vous permettra également de brûler quelques centaines de calories par tétée et de perdre les kilos pris pendant la grossesse.

Combien de temps allaiter?

Le sevrage dépendra de plusieurs facteurs, chaque cas étant différent. Il n'y a pas de règle unique qui s'adapterait à toutes les femmes, à tous les modes de vie, etc. Vous pouvez, par exemple, être amenée à reprendre le travail, à ne plus produire suffisamment de lait, ou simplement estimer que vous êtes arrivée au bout de vos possibilités et que vous souhaitez passer au biberon.

L'allaitement n'est pas une démarche facile et elle est très fatigante.

Quoi que vous décidiez, au moment venu il faudra procéder progressivement au changement, en douceur et aussi faire en sorte que bébé s'adapte à la nouveauté du biberon sans brusquer ce processus.

Si la maman ne travaille pas elle pourra allaiter aussi longtemps qu'elle le souhaite.

Si par contre vous choisissez de passer à un allaitement mixte, bébé pourra continuer à téter après votre reprise du travail.

Chaque femme prend la décision d'arrêter quand elle le souhaite. L'allaitement devant toujours rester un moment agréable.

D'après l'OMS (l'Organisation Mondiale de la Santé) un allaitement exclusif serait toutefois recommandé jusqu'au sixième mois de bébé.


**Les crevasses pas pour tout le monde (trop injuste!)**


D'après certains dires, n'auraient de crevasses que celles d'entre nous qui ont des tétons de couleur rose! Toutes celles dotées de mamelons marron échapperaient donc à cette torture? C'est en tout cas ce qu'affirment certaines femmes. Un peu comme pour la sensibilité de la peau au soleil, selon sa couleur. Une sensibilité plus élevée, par exemple, pour les peaux claires que pour les plus foncées.

Que cela soit une vérité ou un mythe, lorsque bébé tète le sein, la succion et la salive provoquent des gerçures sur le mamelon qui peuvent être bien douloureuses, pour ne pas dire extrêmement douloureuses, car vos seins n'ont jamais de répit! Vos journées sont ponctuées de séances de torture mammaires régulières et répétitives.

Quelques astuces pourront vous épargner bien des dégâts et des problèmes de santé. En effet, si vous ne respectez pas les bonnes techniques de l'allaitement dès le départ et ne suivez pas quelques précautions, vous allez au-devant de bien des problèmes.
«Mieux vaut prévenir que guérir» est une expression parfaitement adaptée dans ce cas-là!

- La position de bébé. Faites bien attention à la manière dont bébé est positionné lorsqu'il tète. Une mauvaise posture et le faites qu'il prenne mal le mamelon dans sa bouche, peuvent créer les fameuses crevasses. Changez la position de la tété de bébé en le tenant comme un ballon de rugby, puis son corps parallèle au votre, puis en position perpendiculaire à votre corps. Vous ne comprenez pas exactement ce qu'il faut faire? Pas de panique, la sage-femme de l'hôpital vous montrera comment vous y prendre.

- Alternez les seins (chose impossible à réaliser évidemment si vous avez eu des jumeaux). Une fois le gauche, une fois le droit. Assurez-vous que votre bébé a bien tout le mamelon dans la bouche et que ses lèvres sont bien visibles autour de celui-ci.

- Les tétons en silicone peuvent vous aider à mieux supporter la douleur de la succion en soulageant vos seins et en favorisant la guérison.

- Le tire-lait électrique (contrairement au tire-lait manuel qui est à éviter absolument en cas de crevasses car extrêmement douloureux) est le moyen le moins douloureux pour extraire le lait de vos seins et nourrir votre enfant en accordant un peu de répit à vos seins.

- Nettoyez bien le sein après la tété et séchez le mamelon (mais pas trop, évitez de trop frotter).

Les sages-femmes vous indiqueront comment soigner des seins crevassés grâce au colostrum à l'aide duquel il faut les badigeonner après chaque tétée. Utilisez de l'alcool camphré pour assécher les plaies (Attention de bien rincer avant la prochaine tété), appliquez des crèmes hydratantes (grasses) adaptées et cicatrisantes. Nous en reparlerons dans le chapitre sur les astuces de grand-mère.

## Ne pas allaiter

Discours culpabilisant, on oublie! Pour être une bonne mère vous devez avant tout vous sentir bien et épanouie dans ce rôle. Si vous ne produisez pas assez de lait, que vous supportez mal l'idée de l'allaitement ou quelle que soit la raison qui vous empêche de le faire, il faudra l'accepter et agir de la façon qui vous convient le mieux.

Même si votre entourage fait pression sur vous mais que vous ne sentez pas l'envie d'allaiter, la décision vous appartient. Vous devez être en accord avec vous-même, pas avec les autres. Ce genre de questions ne les regarde pas. Si l'allaitement vous pose quelques problèmes que ce soit, autant s'abstenir. Ce ne serait un moment agréable ni pour vous ni pour l'enfant et cela risquerait de desservir votre relation maman-bébé.

Il faut savoir que même si le lait maternel est inimitable, les laits en poudre sont parfaitement adaptés à bébé. Ne vous inquiétez pas, ils le nourriront correctement et apporteront toutes les valeurs nutritionnelles dont il a besoin pour son développement. La culpabilité doit disparaître de l'esprit des mamans. Le plus important est de préserver ces moments privilégiés avec bébé. Le biberon n'empêche en rien d'avoir des moments câlins en tenant bébé dans vos bras et de partager ce moment à deux. Sans oublier que si vous êtes à votre aise, bébé en sera d'autant plus heureux!

Un autre point important si vous souhaitez nourrir votre petit au biberon : l'implication du papa, souvent écarté dans les moments d'allaitement. Vous pourrez l'inclure et même bénéficier de son aide si précieuse! On ne le répétera jamais assez mais il est important de vous reposer dès que vous le pouvez! Et en attendant, bébé va pouvoir s'attacher et créer ce même lien avec son papa. De son côté, l'heureux papa ne se sentira pas inutile et mis à l'écart de cette relation «maman-bébé» qu'il peut parfois avoir du mal à comprendre.

## Allaitement mixte

Vous n'êtes pas non plus forcée de vous arrêter sur un choix unique et définitif de l'allaitement ou du biberon. L'allaitement mixe peut être une bonne alternative que vous préféreriez cette solution ou que vous la trouviez plus pratique.
Ce qu'il faut savoir, même si vous devez déjà vous en douter, c'est que le biberon ne «fonctionne» pas de la même manière que votre sein! Ça alors, sans blague!
Cela semble être une évidence pourtant d'un point de vue technique, vous n'êtes pas forcée de savoir que votre bout de chou sentira la différence. Il vous faudra vous équiper d'un bon biberon, d'une bonne tétine adaptée et trouver votre rythme selon votre situation et les conseils de la sage-femme.

Est-ce la bonne combinaison? Probablement, pour les mamans qui allaitent et qui sont amenées à choisir cette option dû aux contraintes et problèmes du quotidien.

Plusieurs raisons peuvent nous pousser à passer à ce type de méthode. La plus courante est une production insuffisante de lait, ou que celui-ci ne rassasie pas le bout de chou. Les jeunes mamans compensent donc par des biberons tout en continuant à allaiter leur petit.

Le biberon peut aussi aider bébé à faire ses nuits. Faire un bon gros biberon avant dodo peut l'aider à dormir sans vous réveiller! Les bébés nourris au biberon font leurs nuits plus rapidement que ceux nourri au sein. Ces derniers réveillent plus souvent maman parce qu'ils ont faim (lait pas assez nourrissant) ou parce qu'ils veulent un câlin ou ont besoin d'une tétine! Bébé a un besoin permanent de succion et le sein de maman est sa tétine préférée.

On peut aussi déléguer à papa en lui confiant la tâche du biberon de nuit et en profiter pour se reposer!
Certaines mamans mettent ce système en place car papa souhaite participer aux repas de bébé. Le papa se sent ainsi totalement impliqué! Tout en laissant à maman le privilège d'allaiter son enfant.

Certaines mamans souhaitent allaiter mais sont contraintes de choisir la méthode de l'allaitement mixte car elles doivent reprendre une activité professionnelle. Les congés maternité n'étant malheureusement pas éternels...

Ainsi, durant cette période, elles doivent anticiper ce retour à l'emploi et faire en sorte que cela se passe du mieux possible pour bébé. Si celui-ci est nourrit uniquement au sein la coupure risque d'être difficile, déchirante pour bébé, surtout s'il doit se passer de la présence de maman et de sa nourriture. Cela fait beaucoup d'un coup! C'est pourquoi il faut introduire le biberon progressivement. Il est généralement recommandé de le faire sur deux semaines.

Introduisez un biberon dans la journée pour remplacer une tété. Faites-le sur trois jours, puis deux biberons qui remplacent deux tétés sur les trois jours suivant et ainsi de suite, jusqu'à arriver au mixe souhaité.

Vous pouvez, par exemple, conserver la tété du matin avant d'aller au travail et celle avant le coucher.

Sinon, vous pouvez sevrer bébé et le faire passer uniquement au biberon par cette méthode, si vous estimez l'avoir suffisamment allaité. Mais là encore il n'y a pas de règles. C'est vous qui décidez de ce qui est le mieux dans votre cas, selon votre ressenti et vos possibilités.

Il est conseillé de parler avec votre petit et lui expliquer ce que vous souhaitez faire et dans quel but. Il ne comprend pas tout mais ressent ce que vous cherchez à exprimer. Rassurez-le en lui expliquant que cela ne changera rien entre vous, que vous l'aimez et l'aimerez toujours autant quoi qu'il arrive, que tout se passera très bien .

## Qu'en pensent les copines?

Nous avons souhaité interroger quelques amies-mamans sur la question de l'allaitement. Grâce à leur témoignages vous pourrez constater que leurs expériences sont différentes les unes des autres. Elles ont acceptées de parler de leur vécu en toute franchise, sans tabous. Le ressenti de chacune est très personnel.

### Daphnée, 33 ans, 2 enfants

*J'ai choisi de ne pas allaiter. Je n'ai tout d'abord pas ressenti le besoin de le faire, ce qui bien évidemment en a choqué plus d'une! Mes deux grossesses se sont très bien passées mais je ne peux pas dire que j'ai adoré être enceinte. Alors ce rapprochement, ce contact "peau à peau" avec mes enfants ne fut pas nécessaire pour moi. J'ai eu beaucoup de lait pendant les 9 mois, deux seins énormes qui me faisaient souffrir. C'est une période pendant laquelle le corps change énormément. Cette sensation de devoir «partager» mon corps m'était déjà assez étrange. Alors quand le moment de la délivrance est arrivé, je souhaitais juste récupérer mon intimité! D'ailleurs, le papa, comblé (qui a parfaitement compris ma démarche) pouvait enfin partager quelque chose avec bébé en donnant les biberons! Et moi je pouvais bénéficier de nuits de repos bien méritées! Tout le monde était content! Deux beaux bébés qui ont été nourri au biberon et qui n'en ont pas souffert. Aucune maladie particulière à signaler. Certaines femmes du personnel hospitalier ont eu du mal à me comprendre. Une en particulier qui m'a dit que je n'étais pas une bonne mère, que mon bébé n'était pas un veau! «Alors pourquoi me transformer en vache?!», lui ai-je répondu! Après mon deuxième accouchement la sage-femme a insisté pour mettre mon bébé contre ma peau, tout en sachant que la première chose que le bébé fait est de téter. J'ai vite remonté ma blouse et lui ai redis que je ne le souhaitais pas! Mon gynécologue, quant à lui, a insisté sur le fait que si je n'étais pas prête à donner le sein, il valait mieux éviter car le bébé pouvait ressentir mon stress. En ce qui concerne le côté " naturel et la beauté de la vie", mon avis personnel est que je ne trouve en rien d'émouvant le fait de sortir un sein pour nourrir son enfant, tirer son lait et devoir porter des coques pour récupérer du lait de mes seins. A notre époque il existe de nombreux moyens de se simplifier la vie alors pourquoi, après 9 mois de douleurs, doit-on continuer si on ne se sent pas de le faire?! Si c'était à refaire, je referai la même chose.*

<u>Marie, 36 ans, 2 enfants</u>

*J'ai choisi de ne pas allaiter car je voulais préserver l'esthétique de ma petite poitrine.*

*La grossesse fait beaucoup de ravage sur le corps alors je voulais garder au moins mes seins en bon état. Par ailleurs, les seins restent pour moi quelque chose de charnelle, de sensuel/sexuel.*

*Je ne pouvais tout simplement pas imaginer mon bébé téter. D'autant plus qu'il y a beaucoup de contraintes liées notamment à la douleur, aux montées de lait, ou à une production insuffisante du lait. Et puis les médecins disent que les laits en poudre sont d'excellente qualité. J'ai donc choisi cette alternative et mes enfants se portent à merveille.*

*Noémie, 38 ans, 1 enfant*

*Mon histoire est particulière. J'ai toujours eu envie d'allaiter mon enfant. Quand ma mère me parlait de l'allaitement cela me semblait magique, cette communion entre la mère et l'enfant. Lorsque j'ai moi-même accouché, j'ai dû être séparée de mon bébé pour des raisons de santé pendant 1 mois. Durant cette période cela me tenait à cœur d'essayer de tirer mon lait à l'aide d'une machine, en prévision. C'était la seule chose que je pouvais faire pour mon bébé, contre l'avis de beaucoup de gens et notamment de certains médecins. Je n'avais pas beaucoup de lait car une machine ce n'est pas pareil qu'un bébé. Une fois que j'ai retrouvé mon fils, je l'ai allaité durant trois jours. Mais contrairement à l'idée que je m'étais faite, cela fut très difficile pour moi. Imaginez après les retrouvailles, ce petit bébé que je ne*

*connaissais pas était comme un fou pour avoir le lait. Je l'ai très*
*mal vécu. En plus, j'étais trop faible physiquement. Pourtant je*
*n'arrivais pas à arrêter. C'était psychologique. Je pense que la*
*société met trop de pression sur les femmes en les incitant à*
*allaiter et je culpabilisais donc en pensant que si je n'allaitais*
*pas je serai une mauvaise mère. C'est finalement grâce au*
*soutien et à l'amour de mon mari que j'ai accepté d'arrêter et à*
*ne plus penser que j'étais une mauvaise mère.*

*Maureen 35 ans, 1 enfant*

*Je n'ai jamais été «branchée» allaitement. Quand je voyais toutes*
*ces mamans sortir leur sein à chaque coin de rue, je me disais*
*«Au secours, comment est-ce possible?» Quand j'étais enceinte,*
*la question qui revenait toujours était «Est-ce que tu vas*
*allaiter?» ce à quoi je répondais que je n'étais pas très partante*
*mais que j'essaierai de le faire pour mon fils et je verrais bien.*
*Dans la maternité dans laquelle j'ai accouché, le personnel ne*
*m'a mis aucune pression. Le choix des mamans y est toujours*
*respecté, pour chaque grossesse, chaque femme. Le but étant de*
*se sentir bien, le bébé suivrait. J'ai allaité pendant 2 mois. J'ai dû*
*faire un allaitement mixte, moitié sein, moitié biberon, car mon*
*fils faisait difficilement ses nuits et que le lait en poudre étant*
*plus consistant il l'aidait à mieux dormir. Et personnellement je*
*trouvais que c'était un excellent compromis. Les gens me*
*regardaient bizarrement, tout le monde me disait que c'était soit*
*l'un soit l'autre. Moi l'allaitement mixte ne m'a jamais posé de*

*problèmes. Après les 2 mois j'ai dû arrêter d'allaiter car mon fils a été hospitalisé. Cela ne m'a pas du tout contrarié car je songeais déjà au fait d'arrêter. Pour moi l'allaitement engendrait beaucoup de contraintes et en plus de cela j'ai eu une infection mammaire avec grosse fièvre et grosse douleur, puis le feu au bout des seins. J'ai fait l'effort d'allaiter mon fils au début et je ne le regrette pas. Je me disais qu'il valait mieux lui donner le sein, que cela restait plus naturel malgré tout. Je comparais souvent l'allaitement à de la cuisine maison et le lait en poudre à de la nourriture en conserve.*

*Ce que je peux dire aussi c'est qu'en donnant le sein à mon fils, je n'ai jamais ressenti ce contact, ce rapprochement dont tout le monde parle. Encore une généralité qui ne s'applique pas à toutes les femmes!*

### *Amélie, 33 ans, 1 enfant*

*Sur la question de l'allaitement, je ne m'étais pas faite une idée arrêtée avant la naissance de mon fils et mon mari m'a laissé choisir la méthode qui me convenait le mieux. Je pensais faire un peu comme je le sentais au moment venu et c'est ce qui s'est passé. Aujourd'hui, avec le recul, je pense que ce n'est pas chose évidente que d'allaiter. D'une part parce que ce n'est pas si facile que cela, c'est un peu technique et dans les débuts on n'est pas sûre de bien s'y prendre. C'est pour cela qu'il est très important à mon sens d'être soutenue par ses proches et par des professionnels compétents. D'autre part, il y a une dépendance, à* la fois agréable et un peu effrayante qui se crée entre la mère et l'enfant durant l'allaitement. On peut aussi imaginer que le papa puisse se sentir un peu exclus, même si cela n'a pas été notre cas. Après tout il ne s'agit que du moment du repas, mon mari participait largement à tous les autres aspects tels que les soins, les câlins et les jeux avec notre fils.

# CHAPITRE 8 :

# LES JOIES DE LA REEDUCATION PERINEALE

Lorsque vous accouchez, vous poussez pour expulser votre bébé de votre corps. Pour que le petit puisse sortir, vos muscles vaginaux se distendent pour laisser passer bébé et la zone s'en trouve sinistré. Pour éviter plus tard d'avoir des conséquences gênantes et désagréables telles que la descente d'organes ou des incontinences urinaires, il faut remuscler le périnée! Mais comment muscle-t-on cette partie délicate du corps?

**Un sex toy électrifié pour la rééducation? Une idée pas franchement électrisante...**

Un peu de gymnastique pour votre périnée. Pour ce faire, votre gynécologue vous prescrira entre dix et vingt séances de rééducation périnéale que vous devrez effectuer chez un kinésithérapeute ou avec une sage-femme, avant les six premiers mois de votre bébé, afin d'obtenir une efficacité optimale. Et le petit plus c'est que c'est pris en charge par la sécurité sociale à 100%! Entièrement gratuit. N'est-ce pas presque aussi excitant que les soldes?!

Pour réaliser ces exercices tonifiants, vous devrez vous procurez à la pharmacie ce que l'on appelle «une sonde périnéale». Un autre nom barbare pour un objet encore plus barbare.

Ce charmant petit objet qui ressemble à un sex toy, en forme phallique, est entouré par deux anneaux métalliques, appelés également bagues, et d'un câble électrique à la base. Décrit comme cela, on préférerait presque se torturer à faire des séries de pompes!

Une fois votre nouvel accessoire de mode acquis, votre kiné branchera la sonde à un appareil électrique, puis vous invitera à l'introduire dans votre vagin. Une fois cette étape accomplie, il déclenchera une suite de petits coups de courant électrique, passant par les bagues, qui vont contracter les muscles du vagin à intervalles réguliers et à intensité variable.

Bien entendu, votre kiné prendra en compte votre sensibilité et ajustera l'appareil en fonction. N'hésitez pas à lui indiquer votre seuil de tolérance, une bonne communication donne au final de bons résultats.

Une fois cette étape terminée (malheureusement, ce n'est pas fini), vous aurez droit à un autre exercice moins traumatisant cette fois-ci mais vous demandant plus d'efforts.

Toujours avec la sonde dans le vagin, au signal, vous devrez contracter la zone le plus fort et aussi longtemps que l'exige l'appareil, puis recommencer autant de fois que nécessaire.

Cette expérience électrique n'est certes pas des plus agréables, mais elle n'est pas douloureuse, promis! Alors faites ce petit effort et ne passez pas à côté de cette étape. Vous pourriez le regretter plus tard.

Par la suite, vous pourrez continuer à effectuer les différentes séries d'exercices chez vous et aussi en contractant tout simplement le périnée à tout moment de la journée ou quand vous y pensez. Cela vous aidera à récupérer la tonicité d'avant grossesse.

Si vous n'avez pas accouché par la voie basse mais que vous avez subi une césarienne, il est probable que votre gynécologue vous recommande tout de même d'effectuer quelques séances de rééducation périnéale. Vous avez porté le bébé pendant neuf mois et vu le poids conséquent sur votre périnée, il est tout à fait normal de faire quelques exercices.

Il faudra par contre attendre deux à trois mois avant de reprendre les séances de musculation, d'abdominaux et éviter de porter des objets lourds. Encore un autre point pas très agréable : pour sortir le bébé, les muscles du ventre ont été déplacés. Il faudra donc prendre son mal en patience et attendre que tout revienne à la normal. En attendant, suivant les recommandations de votre médecin, la natation est un sport que vous pourriez pratiquer en douceur.

# CHAPITRE 9 :

# QU'ADVIENT-IL DE MON CORPS APRES LA VENUE DE BEBE?

**Vergetures, mieux vaut prévenir car pas sûr de guérir!**

Le jour où nous voulons un enfant, nous ne pensons pas vraiment à ce qui va arriver à notre corps. Cela fait partie du marketing de la future maman. Du moins nous idéalisons cet état et occultons l'aspect déformation du corps au profit d'expressions plus mignonnes du genre « joli ventre rond», «belle poitrine»…Mais comme le dit si bien Florence Foresti : «des gros seins oui, mais avec veines apparentes, le réseau autoroutier français en filigrane dessous!»

Le fait est que le corps d'une femme enceinte se déforme au fur et à mesure que la grossesse se développe, c'est pourquoi il faut anticiper au possible et non pas penser que l'on arrangera le problème plus tard! Les vergetures, par exemple, doivent être prises à temps. Et quand on dit à temps cela signifie dès le tout début de la grossesse. Il existe pour cela diverses crèmes et huiles qui limitent les dégâts en termes de marques de ce type.

Soyez assidue dans le badigeonnage de votre corps avec la crème/huile réparatrice ou préventive de votre choix.

N'hésitez pas à cumuler les traitements. Une bonne crème à alterner avec un cocktail d'huiles bio, par exemple, à divers moment de la journée. Massez bien les cuisses, les fesses, la taille, le dos, les seins et bien évidement le ventre! On ne sait jamais à l'avance comment la peau va réagir et ce même pour celles qui ne prennent pas beaucoup de kilos. Ne négligez donc rien et soignez votre peau.

**Allaitement et jolis seins ne vont pas de pair!**

Chez les femmes qui allaitent, le corps prend en compte l'information et enregistre les changements qui s'effectuent. Vous devenez la source principale de nourriture de bébé et votre corps a pour mission de le nourrir. Ainsi, les premières tétées de bébé déclenchent une montée de lait. Vous connaissiez vos seins version «carte routière» durant la grossesse? Désormais vous allez connaître le décolleté vertigineux, vos seins pourront atteindre un volume avoisinant le triple de ceux que vous aviez à l'origine. Votre partenaire va être aux anges, si c'est son dada!

Attendez, ne vous réjouissez pas trop vite non plus! Votre poitrine sera tellement encombrante, dure et douloureuse que vous n'arriverez même plus à dormir sur le côté ou à voir votre bidon (pour le coup ce n'est pas plus mal, en attendant qu'il redevienne plat!). Il vous faudra les masser pour atténuer la douleur et libérer le lait.

Vous ne supporterez que les soutiens-gorge d'allaitement qui se détachent pour libérer le téton (très pratique soit dit en passant). Il faudra également utiliser un tire-lait électrique. Les tire-lait manuels sont une véritable torture, surtout si vous avez des crevasses! Grâce au tire-lait électrique, vous pourrez conserver votre lait au frais pour bébé. Cela vous soulagera et permettra à vos seins de se reposer entre les tétés sans pour autant léser bébé qui aura de quoi se nourrir le temps que vous décidiez de le sevrer.

Le jour où vous décidez d'arrêter l'allaitement, les choses se gâteront doucement mais sûrement pour vos obus…pardon,  vos melons…enfin vos seins quoi.

Ils dégonfleront puis s'affaisseront,  et  finiront  par  ne  plus remplir vos soutiens-gorge.

Malheureusement,  il  n'existe  pas  beaucoup de solutions  pour remédier complètement à une poitrine usée par les tétés. Mais il y en a quand même quelques-unes que vous trouverez dans le chapitre dédié aux remèdes de grand-mère. Si vous n'étiez pas une adepte du soutien-gorge push-up, vous le deviendrez rapidement!

**Douleurs de dos! Adoptez le coussin d'allaitement même si vous n'allaitez pas**

Vous ne connaissiez pas le mal de dos avant? Vous allez vite découvrir cette sensation si :

- Vous allaitez votre enfant et que vous passez 50% de votre temps à le porter dans des positions inconfortables. Pensez au coussin d'allaitement, il vous sauvera la vie et fera en sorte que bébé soit à son aise et vous également!

- Vous n'avez pas investi dans une table à langer et de ce fait vous prenez une position défavorable à votre dos pour changer bébé. Investissez! Les petits anges sont censés être propres à la rentrée scolaire de leurs 3 ans. Vous en avez donc pour un petit moment avec les changes de couches! Votre investissement sera rentabilisé et votre dos vous dira merci!

- Vous donnez le bain quotidien à bébé dans une baignoire trop basse et que la position vous aide à cultiver le mal de dos. Là encore, pensez à investir dans des pieds qui rehaussent la baignoire de bébé et soulagent votre dos!

- Votre poussette est très basse et vous devez vous baisser pour installer et désinstaller bébé. Mauvais choix! Il existe des poussettes hautes qui sont certes plus chers mais qui vous éviteront bien des soucis dorsaux. Un bon choix de poussette évitera également à papa de se plier en quatre à chaque fois et ne pas prendre sa taille pour excuse afin de vous laisser gérer cela seule, surtout si Monsieur est très grand! Pas folle la guêpe!

Le porte bébé n'est pas forcément votre meilleur ami, mais il vous dépanne bien. Il vous évite de sortir la poussette encombrante. Vous devrez porter bébé, le sac qui contient ses couches, son lait, ses biberons, son eau minérale, ses vêtements, son alaise, ses compotes/yaourts et votre dos en prend un coup. A utiliser donc avec parcimonie pour les sorties de courte durée ou bien mettre le papa à contribution s'il est présent.

Si votre enfant réclame systématiquement de venir dans vos bras, évitez de trop lui donner l'habitude de le porter. Il aura du mal à se détacher de vous, fera des caprices si vous ne cédez pas et finira par vous donner mal au dos étant donné qu'il va grandir et prendre du poids. Cela ne va pas arranger vos problèmes de dos. Cependant lorsque vous êtes amenée à porter votre bout de chou, prenez soin de ne pas vous pencher directement vers lui et pliez plutôt les genoux pour descendre à son niveau afin de le soulever. Cela vous fera travailler les cuisses par la même occasion, ce qui ne fait de mal à personne et ne mettra pas le poids sur votre dos.

**Mais où donc s'est barrée ma mémoire?**

Il est certes difficile de l'admettre mais après la naissance de notre petit ange, nous ne sommes plus tout à fait les mêmes. Fatiguées en permanence à cause des nuits blanches à répétition, du rythme incessant et monotone du rituel : biberon/tété, couche, rototo, bercements, dodo...
Nous nous déconnectons temporairement du monde extérieur qui continue à tourner sans nous.

Intellectuellement parlant, cette spirale infernale à des conséquences.
Et oui Mesdames, nous ne sommes plus au mieux de nos capacités intellectuelles. Nos neurones perdent en efficacité et nous oublions des choses importantes de façon récurrente. Bien

que cela soit un tantinet effrayant à vivre, n'ayez crainte, ce n'est pas chose irrémédiable. Vous retrouverez toutes vos capacités, ou presque.

Pour que cela arrive au plus vite il n'y a pas de secret, juste de la logique : stimulez votre cerveau! Ce n'est pas un muscle mais vous pouvez tout le même le muscler. Quand le temps vous le permet, lisez par exemple. Pas facile de trouver quelques minutes à nous mais chaque petit moment compte. Gardez une vie sociale, restez en contact avec vos amis et collègues, échangez sur d'autres sujets que votre progéniture, même si cela reste votre préoccupation principale et votre sujet favori. Sortez dès que vous en avez la possibilité! Usez et abusez des grand parents, ils sont là pour ça!
Reste à comprendre pourquoi les mamans sont soumises à cette perte de mémoire et de tonus mental.

Une fois endossé le rôle de jeune maman, vos priorités changent. Votre vie ne tourne plus autour de vous, de votre couple, de votre travail, de votre cercle d'amis ou de votre famille. Elle ne tourne plus qu'autour de bébé. Ce qui signifie que toute votre attention, tout ce qui vous concerne et vous préoccupe est mis en relation direct, ou indirect, avec les responsabilités qui vous incombent. Toute votre énergie est portée sur bébé et les priorités que vous aviez avant sont revues et réorganisées de manière différente. Petit à petit il vous faudra réinstaurer un juste équilibre et ne pas vous oublier en tant que femme.

**Adieu kilos de grossesse**

La règle numéro 1 pour récupérer son poids initial est...roulement de tambour : Ne pas prendre trop de poids pendant la grossesse! Eh Non, désolé, il n'y a pas de miracle.

Vous n'êtes pas censée manger pour deux, c'est une idée reçue parmi tant d'autres.
Faites-vous plaisir de temps en temps mais nourrissez-vous de façon saine, variée, équilibrée la majorité du temps. N'excédez pas non plus les quantités que vous consommiez avant d'être enceinte. Cela vous évitera de devoir faire bien des efforts après coup.

Vous devriez prendre entre neuf et douze kilos pendant votre grossesse. Soit en moyenne un kilo par mois. Sachant que les trois premiers mois on ne grossi pas vraiment, cela vous laisse une marge pour la fin de la grossesse.

Évidement neuf kilos c'est l'idéal mais toutes les femmes étant différentes, la prise de poids dépend de la taille, du poids initial avant grossesse, de l'IMC (indice de masse corporelle). Certaines femmes prennent, par exemple, du poids pour des raisons de santé, lorsqu'elles sont contraintes à rester alitées pour cause de risque de fausse couche. Ou même sans raison apparente. Elles arrivent tout de même à perdre leurs kilos en trop. Mais il faut rester dans la mesure du raisonnable et ne pas prendre trop de poids. Cela ne serait ni bon pour votre santé (risque plus élevé de diabète gestationnel, hypertension artérielle, risque de fausse couche...), ni pour votre moral.

Une fois bébé mis au monde, entre son poids, le placenta, etc. vous pourrez déjà perdre entre six et huit kilos. Pour le reste ce sera à vous de jouer.

Nous en parlions dans le chapitre sur l'allaitement, les mamans qui allaitent perdront les kilos superflus plus rapidement. Pour les autres, il vous faudra attendre d'avoir terminé la rééducation périnéale pour reprendre une activité physique.

Pour ce qui est de l'alimentation, mangez équilibré, à heures fixes. Vous pouvez faire plusieurs petits repas dans la journée au lieu de trois gros. Privilégiez les aliments naturels, non transformés, variez les fruits, les légumes, évitez les produits sucrés ou trop salés. Apprenez à utiliser les herbes et les épices et ayez la main légère sur votre salière. Salez l'eau de cuisson mais n'en rajoutez pas dans vos plats. Si vous avez la dent sucrée, apprenez à remplacer le mauvais sucre par du sucre plus naturel tel que le miel, le sirop d'érable, le sirop de dattes ou bien entendu les fruits. Diminuez les mauvaises graisses. Soyez à l'écoute de votre corps et de votre organisme. Il vous donne les bonnes indications quant à votre satiété ou à vos envies. Ne vous forcez pas si vous n'avez plus faim et ne vous sentez pas non plus obligée de terminer votre assiette et celle de votre conjoint!

Mangez intelligent et en pleine conscience! Tout une est question d'équilibre.

# CHAPITRE 10 :

# LES REMEDES DE GRAND-MERE, A TESTER OU A EVITER?

Mère nature est très riche et généreuse! Elle nous offre un large éventail d'ingrédients et de remèdes pour soigner nos petits maux du quotidien et prendre soin de nous. D'autant plus qu'il y a un véritable retour au naturel depuis quelque temps et c'est tant mieux! On essaie de fuir les produits chimiques autant que possible en les remplaçant par des solutions alternatives et on a bien raison! Après tout il existe un nombre incalculable de produits dépourvus de composants mauvais pour notre santé et pour la planète, pourquoi donc nous en priver?! Nous avons la possibilité d'utiliser des cosmétiques, des soins de beauté, des produits nettoyants ou ménagers, etc. fabriqués à base de plantes ou d'ingrédients issus de ce que la nature nous propose. Sans toutefois prendre le risque de nous intoxiquer avec des produits nocifs. Il en existe pour toutes les situations du quotidien et pour tous les goûts!

En outre, lorsque l'on pense à bébé, on pense à la pureté! On a envie de l'immerger dans un monde de douceur en lui évitant toute agressivité.

Durant votre grossesse, mais aussi après la venue au monde de votre bébé, vous pouvez vous procurer des produits naturels qui soulageront vos douleurs, vous relaxeront, anticiperont quelques désagréments que vous pourriez rencontrer et vous seront utiles dans bien des situations. Bébé et maman peuvent profiter ensemble de leurs bienfaits, aussi bien en externe qu'en interne, en se chouchoutant avec des huiles, des hydrolats aux merveilleuses senteurs, des tisanes et bien d'autres choses saines et bienfaisantes.

Restez cependant toujours bien vigilante car la nature est certes formidable, et prend soin de nous, mais si on ne l'utilise pas correctement elle peut également devenir redoutable. Et au lieu de vous aider elle peut faire bien des dégâts. Un produit naturel ne veut pas dire sans danger. Il faudra vous renseigner sur le type de soins, de plantes que vous pouvez utiliser pour vous-même et pour bébé et ce qui sera à éviter. Certains types de plantes, d'huiles essentielles, de produits naturels considérés comme étant inoffensifs et bénéfiques en temps normal, sont à éviter pendant la grossesse. Ils peuvent aussi s'avérer être allergisants ou dangereux pour le nourrisson.

Nous avons fait une petite sélection de nos produits coup de cœur, qui feront autant de bien à vous qu'à bébé et ceux qui seront à utiliser avec précaution ou carrément à éviter! N'oubliez pas de demander l'avis de votre médecin ou du pédiatre en cas de doutes. Choisissez des produits de qualité, sans additifs et de label bio de préférence.

**Les tisanes anti-coliques pour le nourrisson**

Si bébé se tortille, qu'il a des gaz, c'est qu'il souffre probablement de coliques. Sans gravité mais très inconfortables, elles sont courantes dans les premières semaines de la vie du nourrisson et peuvent être soulagées grâce aux plantes antispasmodiques que vous trouvez en magasins bio ou dans les herboristeries : mélisse, fenouil, fleur d'oranger, camomille, verveine, réglisse, tilleul, anis.

Vous pouvez également acheter des tisanes «spécial allaitement» qui sont un mélange prêt à l'emploi de quelques-unes de ces plantes.

Les mamans qui allaitent peuvent boire ces infusions qui, en passant dans le lait, aideront bébé à mieux digérer et à éviter les coliques. Quant aux autres, elles peuvent tout simplement verser une petite quantité de ces infusions directement dans le biberon.

Essayez également de créer une atmosphère calme, relaxante et apaisante qui contribuera au bien être de votre bout de chou pendant sa digestion.
Une petite bouillotte pourrait aussi être d'un grand réconfort!

Quelques idées très simples de tisanes :

- Tisane de fenouil en grains : 5 à 8 graines à infuser dans 50ml d'eau

- Tisane de cumin en grains : 5 à 8 graines à infuser dans 50ml d'eau

- Tisane d'anis en grains et/ou d'anis étoilé : quelques graines et une étoile à infuser dans 50ml d'eau

Pour plus d'efficacité, vous pouvez mélanger les graines de cumin, de fenouil et l'anis.

Vous pouvez également y ajouter quelques gouttes d'eau de fleur d'oranger bio. Le mélange apaisera bébé, favorisera son sommeil et donnera meilleur goût à la tisane.

**Les huiles essentielles pendant la grossesse et pour bébé**

Quand on vous disait que la nature était puissante et pouvait aussi bien soigner que détruire, les huiles essentielles en sont l'exemple parfait. A manipuler avec une très grande prudence et en respectant bien les doses.

Beaucoup d'huiles essentielles sont à bannir pendant votre grossesse! Surtout durant le premier trimestre. Toxiques pour le fœtus et pouvant provoquer une interruption de grossesse.

A partir du quatrième mois, en les utilisant intelligemment, vous ne ferez prendre de risques ni à vous ni au bébé et pourrez bénéficier des bienfaits de celles qui sont sans danger.

Il en sera de même pour votre bébé. Il vous faudra bien vous renseigner sur les huiles essentielles avant de les utiliser pour votre nouveau-né! Dans les premiers mois, il faudra systématiquement demander l'avis du médecin. Par la suite, plus il grandira, plus vous pourrez utiliser d'huiles essentielles sans danger. Que ce soit pour adoucir, calmer les rougeurs de la peau en mélangeant avec une huile végétale, ou pour calmer bébé en diffusion dans la chambre, ou encore en mettant quelques gouttes dans son bain.

Si vous n'y connaissait pas grand-chose en la matière, ne vous aventurez surtout pas seule et préférez dans un premier temps les produits finis spécialement conçus pour les petits.

**Les huiles végétales ou les huiles minérales?**

Les huiles végétales sont quant à elles parfaites pour le massage de bébé et pour vous-même. Contrairement aux huiles minérales vendues dans le commerce, elles n'empêchent pas la peau de respirer et ne contiennent pas de composants chimiques ou toxiques. A condition bien entendu de les choisir pures. Elles contiennent des vitamines, des minéraux, des acides gras essentiels pour la délicate et fragile peau de bébé. Chacune ayant ses propriétés. Tantôt nourrissantes, cicatrisantes, calmantes, hydratantes ou apaisantes, vous les utilisez selon les besoins, seules ou en les mélangeant.
Choisissez toujours des huiles vierges et bio (sans pesticides).

**L'huile d'olive**

Pas très compliquée à trouver, vous en avez certainement dans les placards de votre cuisine!

Huile non allergisante aux nombreuses vertus, vous pouvez aussi bien l'utiliser pendant la grossesse qu'après l'accouchement et en huile de massage pour bébé pour protéger sa peau.

L'huile d'olive est riche en vitamines A, E et D, qui rendent la peau saine et douce. En massant votre ventre avec, vous pourrez prévenir l'apparition de vergetures sans malheureusement les faire disparaître complètement une fois qu'elles sont installées.

Dans les pays du Maghreb, selon les régions, les mamans massent régulièrement le nouveau-né avec simplement de l'huile d'olive ou bien un mélange d'huile d'olive et de henné, qui protège la peau, la rend douce et aide à calmer les rougeurs.

Elle favoriserait la montée de lait. Pour les mamans qui allaitent, agrémentez donc vos repas d'un filet d'huile d'olive.

Vous pouvez également soulager le feu des crevasses de votre poitrine en mettant dessus quelques gouttes d'huile.

Le petit moins : elle laisse un film gras sur la peau.

**L'huile d'avocat, de jojoba et l'huile de pépins de grenade**

Voici trois huiles qui vous permettront de lutter contre l'apparition des vergetures. A utiliser seules ou bien mélangées, massez-vous avez deux fois par jour, cela devrait aider à faire fuir les fameuses petites marques violacées qui essaient de s'installer sur le ventre, les cuisses, les fesses!

## L'huile d'amande douce, parfaite pour les mamans, allergisante pour bébé

L'huile d'amande douce on l'adore pour nous, les femmes. Hydratante, nourrissante, elle est très agréable à utiliser pour le démaquillage à l'huile, par exemple. Elle assouplit les peaux sèches et les rend douces. On peut l'utiliser comme base pour de nombreux soins de beauté tels que des masques pour le visage et les cheveux, des gommages pour le visage et le corps, ou en mettant quelques gouttes dans votre crème du jour ou pour les mains. Elle calme, apaise la peau et estompe les petites rougeurs des peaux sensibles.

Malheureusement elle ne sera pas forcément aussi bonne pour bébé que pour vous car elle peut provoquer des allergies, comme toute huile de fruits à coque. Demandez donc conseil à votre pédiatre avant de la tester.

## L'huile de sésame

Une autre bonne huile de massage pour bébé. Elle permet de réchauffer votre bout de chou mais il faudra l'utiliser avec précaution car comme pour l'huile d'amande douce, l'huile de sésame peut-être allergisante.

**Le beurre de karité**

Le beurre de karité allie bienfaits et plaisir. Bénéfique pour toute la famille.

Durant la grossesse vous pouvez hydrater votre peau en prévention contre les vergetures.

Riche en acides gras essentiels, en vitamines A, D, E, F il est parfait pour les peaux sèches et sensibles des petits comme des grands. Il apaise les petites rougeurs des fesses de bébé et les irritations, hydrate, nourrit, protège la peau et peut aussi être utilisé pour le massage.

Le beurre de karité protégera également la peau de votre bébé à l'extérieur, pendant les ballades hivernales, contre le froid et le vent.

Par ailleurs, si vous avez les cheveux secs ou crépus, vous pouvez en profiter pour en mettre une petite noisette dans vos cheveux pour les nourrir. Ayez la main légère pour éviter de trop les graisser ou les alourdir, le beurre de karité étant très riche.

Même le papa pourra vous en piquer et l'utiliser comme après-rasage.

Vous pouvez utiliser les produits contenant du karité tels que les shampoings, les laits pour le corps, etc.

Choisissez le beurre de karité 100% naturel, bio et non raffiné.

**Le beurre de cacao**

Attention les gourmandes, on vous voit venir! Bien que son odeur soit très appétissante, on vous l'accorde, il faudra résister à la tentation car il n'est pas comestible! Vous pouvez tartiner le beurre de cacao sur la peau, en mettre sur vos lèvres, vos cheveux mais pas sur votre pain! Prenez un carré de chocolat noir, cela devrait calmer votre gourmandise tout en profitants des bienfaits du cacao! A l'inverse n'essayez pas de vous badigeonner de pâte à tartiner, cela ne marche pas non plus!

Le beurre de cacao est un autre produit naturel qui fait des miracles sur les peaux sèches et qui peut être utilisé par les mamans et les tout petits!

On peut le comparer au beurre de karité pour ses propriétés adoucissantes, hydratantes et très nourrissantes car il est riche en matières grasses.

Il contient également des vitamines A, B, C et E et des minéraux. Grâce à sa composition il permet de lutter contre les radicaux libres et ainsi prévenir le vieillissement prématuré de notre peau à nous mesdames.

Très bon à utiliser en massage pendant et après la grossesse pour maintenir l'élasticité de votre peau et prévenir les vergetures.

Il va protéger votre peau et celle de bébé, la réparer, l'apaiser grâce à ses propriétés cicatrisantes en la rendant belle et douce.

**L'huile, l'eau et le lait de coco**

La liste des bienfaits de la noix de coco est très longue! Vous pouvez parfaitement consommer sa chair, l'eau ou le lait de coco pendant votre grossesse.

L'eau de coco est une excellente alternative à l'eau. Elle vous permet de rester bien hydratée en vous faisant profiter de ses nombreux bienfaits. Elle vous sera utile en prévention des nausées matinales, des troubles digestifs et aigreurs d'estomac. Elle booste le système immunitaire, protège des microbes et des virus. En outre, grâce à sa forte teneur en potassium, elle vous évitera d'avoir des crampes dans les jambes et allégera vos chevilles.

L'huile de coco vous fera également profiter de ses innombrables avantages. Vous pouvez l'utiliser comme huile démaquillante, ou comme crème pour hydrater, apaiser et prévenir le vieillissement prématuré de votre peau. L'huile de coco nourri vos cheveux, vous aide à prévenir les vergetures, sert à faire des bains de bouche, etc. Un investissement pas cher et multi-usages à garder aussi bien dans sa cuisine que dans la salle de bain.

Quand bébé aura quelques mois, vous pourrez aussi utiliser cette huile pour les messages ou bien pour lutter contre les rougeurs, par exemple sur ses fesses. Entre deux changements de couche, appliquez l'huile et massez la zone rouge pour faire pénétrer.

Petit plus : l'huile de coco pénètre très bien dans la peau, ne laisse pas de film gras et par conséquent ne tâche pas les vêtements après utilisation.
Son odeur vous fera voyager et vous emmènera au soleil sur des plages de sable blanc...

**L'eau de fleur d'oranger et ses vertus relaxantes pour faire dormir bébé...et ses parents**

Nous avons pour habitude d'utiliser l'eau de fleur d'oranger pour parfumer nos préparations culinaires, pâtisseries, pâte à crêpes. Mais elle est tout aussi intéressante dans notre salle de bain, par exemple pour les peaux sèches grâce à ses propriétés adoucissantes, calmantes et elle sent divinement bon! Elle est parfaite aussi bien en usage externe qu'interne.

En usage externe vous pouvez l'utiliser en lotion pour le visage, sur la peau de votre bébé pour l'adoucir et la nettoyer ou encore dans l'eau de son bain.

En usage interne, la fleur d'oranger se consomme sous forme de tisane ou d'hydrolat. Une cuillère à café d'hydrolat dans un verre d'eau avant dodo pour vous, quelques gouttes dans l'eau du biberon du soir de votre petit ange, tout le monde devrait se sentir relaxé et prêt à passer une nuit paisible.

**L'eau de rose**

Voici un autre de nos hydrolats préférés.

Pour nous, Mesdames, l'eau de rose est un allié anti vieillissement cutané, elle est idéale pour les peaux sensibles et très agréable à utiliser grâce à sa délicate odeur. Raffermissante, hydratante, elle calme les rougeurs et vous donne un teint de rose! Elle laissera votre peau fraîche et hydratée après le démaquillage du soir et au réveil avant d'appliquer votre crème du jour.

Vous pouvez passer un petit coton imbibé d'eau de rose aussi bien sur le visage que sur le corps de votre nourrisson pour le nettoyer, apaiser, calmer.

**Pas de miel pour le nourrisson!**

Vous ne devrez pas donner de miel à votre bébé avant son premier anniversaire! Même en très petite quantité. Bien qu'ayant de nombreux atouts santé pour les adultes, le miel est déconseillé pour le nourrisson qui pourrait développer une maladie appelé botulisme infantile. C'est une maladie rare mais dangereuse, qui peut laisser de graves séquelles et affecter le système nerveux.

Le système digestif des enfants en bas âge n'est pas suffisamment développé pour digérer les spores de la bactérie appelée Clostridium botulinum qui se trouve dans les sols et qui peut être transportée par les abeilles.

Il vaudra mieux éviter tous produits sucrant en général jusqu'à ce que votre petit soit sevré. Une fois qu'il a passé sa première année, il n'y aura plus de danger à lui donner du miel.

**Le gel d'aloe vera**

Un autre produit à avoir absolument chez soi! Le gel d'aloe vera peut être utilisé pendant la grossesse en usage externe. Mais faites bien attention cependant à sa composition et ne choisissez que le gel pur (à 99%) qui ne contient pas d'huiles essentielles.

Un allié de plus pour lutter contre l'apparition des vergetures, l'aloe vera sera parfait si vous préféré la version gel à une huile. Il pénètre rapidement et ne laisse pas de film gras sur la peau.

Il a un effet légèrement tenseur qui donne l'impression d'un lifting naturel. Il est très agréable à utiliser sur la peau. C'est un gel apaisant, cicatrisant, très efficace contre les piqûres de moustiques ou pour soulager les coups de soleil. Ses bienfaits sont multiples et il est toujours bon d'en avoir un tube chez soi!

Un autre produit dont pourra bénéficier le papa! Le gel d'aloe vera apaise la peau après le rasage. Adieu les après-rasages à base d'alcool qui brûlent et laissent la peau rouge! Grâce au gel d'aloe vera le feu du rasage ne devient plus qu'un mauvais souvenir!

Ne pas en consommer en interne pendant la grossesse. Évitez la zone du mamelon pendant l'allaitement.

*Petite astuce* : Pour un effet très frais, gardez le au frigo.

## SOS crevasses

Les mamans qui nourrissent bébé au sein, vous pourrez soulager et soigner les irritations des mamelons grâce à ses quelques astuces :

Utilisez votre propre lait maternel (très gras) pour cicatriser et soulager les crevasses après les tétées. Le lait maternel permet aussi de désinfecter le mamelon une fois que bébé a terminé son repas.

Utilisez un baume de calendula, de l'huile d'olive ou d'amande douce pour apaiser le feu des crevasses.

## Retrouvez de beaux seins après l'allaitement

Pour raffermir votre poitrine usée par les repas de bébé et retrouver le modèle "Pamela Anderson", il existe plusieurs méthodes. N'allons cependant pas nous mentir, on peut raffermir et remodeler sa poitrine mais aucun traitement ne donnera un résultat "chirurgie esthétique"!

- La première méthode consiste à muscler le buste grâce à la natation ou des exercices prévus à cet effet. Vous pourrez trouver de nombreux tutoriels sur YouTube qui vous indiquent la marche à suivre sans bouger de chez vous.

- L'huile de bellis ou macérât de bellis aideront à raffermir la peau de votre poitrine. Massez bien tout le buste pour obtenir un effet optimal. Soyez assidue et vous obtiendrez des résultats dans un délai allant de deux à trois mois. Mais ne vous attendez pas à des miracles.

- La troisième solution est de terminer votre douche par un jet d'eau fraîche sur votre poitrine. N'ayez pas peur de tourner le robinet sur la position "froid", l'eau tiède n'aura aucun effet tonifiant! Cela raffermira vos seins (et vous glacera au passage...Il faut bien avouer que pendant la période estivale, par grosse chaleur, c'est quand même plus agréable)! Mais c'est bon pour nous alors un peu de courage!

Effectuez assidûment les trois méthodes pour un résultat plus rapide et plus efficace.

# CHAPITRE 11 :

# BEBE MODE D'EMPLOI, COMMENT DEVIENT-ON PARENT?

**Bébé arrive, vais-je être à la hauteur?**

Après avoir passé neuf mois à vous questionner et à imaginer, vous voilà face à ce petit être angélique, fragile, qui dépend entièrement de vous.

Malgré tout l'amour et la douceur qu'il vous inspire, vous vous sentez perdue, effrayée. Rassurez-vous, si vous doutez de votre capacité à être parent, c'est bon signe!

Tout se passera bien, il vous suffit d'être à l'écoute de votre bébé. S'occuper d'un enfant requière peu de choses en soit. Du concentré de bon sens, une bonne grosse dose d'affection (beaucoup d'affection) et une pointe de patience...Bon, d'accord, remettez une dose de patience!

Vous apprenez à connaître votre enfant et il vous découvre également, apprend à vous faire confiance. Soyez digne de cette confiance, respirez un grand coup et tout ira bien!

Lorsque l'on pose pour la première fois ce petit être fragile et innocent dans vos bras, vous êtes prise par l'envie de le protéger mais aussi par la peur de mal faire. Forcément, devant cette minuscule créature on se sent tel un géant.
Et la réaction en le prenant peut-être déstabilisante : «D'accord, je l'ai fabriqué, mais maintenant...qu'est-ce que j'en fais?!»
Personne n'est parfait, tout le monde apprend! Ce n'est pas parce

que maman ou belle-maman vous rabâchent : «Mais non, ce n'est pas comme ça que l'on fait, enfin!» que vous n'allez pas découvrir le mode d'emploi pas à pas et apprendre seule, en grande fille que vous êtes.

Suivez votre intuition et vous vous en sortirez haut la main! Vous sentirez et saurez bien assez vite ce qui est le mieux pour votre bébé. Écoutez les conseils et ne prenez que ce qui vous semble être bon pour vous et votre bébé! Vous n'êtes pas moins douée que les autres après tout!

Ceci étant dit, s'il vous reste des questions et des doutes, que vous sentez avoir besoin d'accompagnement, que vous avez en plus séché les cours de préparation à l'accouchement (on ne vous félicite pas!) et que vous souhaitez obtenir de l'aide, vous n'avez qu'à demander. Les mots magiques que vous cherchez sont «auxiliaires de puériculture», qui s'occupent de bébé et de son bien-être.
Être maman nécessite un apprentissage et les sages-femmes et puéricultrices jouent un rôle primordial dans les premières heures de la vie de bébé.

Elles vous apporteront l'aide nécessaire à tous niveaux. Elles s'occuperont de nettoyer bébé à sa naissance, viendront vous aider à le changer et en profiteront pour montrer au papa comment faire. Elles vous seconderont la nuit pour que vous puissiez dormir et reprendre des forces après votre accouchement ou votre césarienne. Lorsque vous irez mieux, elles vous initieront vous et votre partenaire à l'art du bain de bébé! Grâce à elles vous saurez comment tenir votre bébé correctement, comment éviter qu'il se sente agressé par l'expérience du bain, etc.

Les sages-femmes vous aideront à mieux vivre cette expérience de la maternité dans les premiers instants. Elles s'occuperont de vous, veilleront à la bonne cicatrisation de votre plaie, feront en sorte que vous ne souffriez pas. Si vous allaitez, elles vous indiqueront comment le faire correctement en évitant les crevasses ou bien comment les soigner une fois qu'elles se sont installées. Elles vous masseront pour soulager vos montées de lait et feront en sorte de faciliter votre vie de jeune maman convalescente. Une aide plus que bienvenue et tellement précieuse!

Vous l'aurez donc compris, vous ne serez pas seule au début de votre nouvelle vie de maman. Par la suite, le reste viendra tout seul, naturellement.
Pas de panique, vous serez la meilleure des mamans!

**La joie de la rencontre avec bébé et les chamboulements «sentiment-hormonaux»!**

Les premiers instants de la rencontre entre maman et bébé procurent des émotions indescriptibles et variées qui peuvent différées selon le mode d'accouchement choisi par la maman. Les femmes qui ont subi une césarienne peuvent avoir l'impression de ne pas avoir vécu le même rapprochement avec bébé que celles qui auront choisi d'accoucher par voie basse.

Néanmoins, cela reste généralement l'un des moments les plus marquants et plus forts de la vie d'une femme. La jeune maman peut également voir naître un sentiment de fierté. Lorsque l'on voit ce que l'on a accompli, on se sent envahi d'un sentiment de satisfaction. La satisfaction d'une mission menée à bien car notre bébé est le plus beau du monde et c'est nous qui l'avons fabriqué! N'est-ce pas la chose la plus incroyable?!

Après ces longs mois d'attente et les derniers instants de lutte acharnée, voici arrivée la récompense ultime!

Que se passe-t-il alors au niveau des émotions? L'attachement est-il immédiat, viscéral et inné entre maman et bébé? Se peut-il qu'il soit vécu différemment d'un tandem à l'autre?

**Instinctivement maman? Parfois oui, parfois non!**

Apprendre à aimer et à chérir son bébé ne nous tombe pas forcément dessus de manière naturelle et instantanée. Certaines femmes peuvent être très réceptives à leur enfant et à ses besoins, alors que d'autres le sont moins, voire pas du tout. Mais une chose est sûre, ce n'est pas ce qui nous définit comme étant une bonne mère ou pas.

Certaines femmes vous diront qu'elles se sentent communier avec leur bébé que c'est un sentiment unique qui les harponne à leur petit et qui exacerbe leurs émotions. Cela les prend aux tripes.

Elles comparent cette sensation au sentiment amoureux. On «tombe en amour» devant ce petit être magnifique qui est d'une perfection inouïe. L'émotion nous saisit lorsque l'on pense à ce miracle, au fait d'avoir été capable de créer la vie.

Mais cela ne touche pas toutes les femmes. Là encore nous sommes toutes différentes et les émotions peuvent l'être aussi. Ce n'est pas pour autant qu'une femme sera une mauvaise mère ou n'aimera pas son enfant de tout son cœur.

Bébé et maman se découvrent simplement à leur rythme et les chamboulements provoqués par la grossesse et l'accouchement peuvent créer toutes sortes d'émotions fortes.

Certains «binômes» ont besoin de s'apprivoiser alors que d'autres fusionnent immédiatement. La seule chose qui pourrait être commune à toutes les mères c'est peut-être cet instinct de protection et de responsabilité envers bébé. La maman se sent investie de la mission de le nourrir, de prendre soin de lui, de le protéger. On peut appeler cela l'instinct maternel. Ou un don de

Mère Nature et qui accompagne la naissance de bébé...Un instinct animal qui anime les mères et fait d'elles des gardiennes de l'espèce humaine assurant ainsi la prospérité de la descendance et la pérennité de l'espèce. C'est une façon de voir les choses. Mais ce ne peut être la seule...En effet, on peut aussi supposer que ces femmes ont des facilités et une compréhension parfois plus développés que chez les autres.

Quoi qu'il en soit, il n'y a pas de règle et de ce fait pas de culpabilité à avoir si vous ne ressentez pas les mêmes émotions que votre voisine. N'oubliez pas que beaucoup de facteurs rentrent en compte. La fatigue, les émotions, les hormones, les éventuelles difficultés rencontrées lors de l'accouchement, etc. Autant de points qui légitiment les différents ressentis.

**Larmes de bébé crocodile**

Si bébé pleure cela se résume parfois à ces quelques possibilités évidentes :

- Il a faim! Donnez-lui à manger et tout ira bien!
- Sa couche est sale. Changez-le, il est propre et se sent bien mieux!
- Il a envie de faire dodo. Bercez-le, cajolez-le, chantez lui une berceuse ou donnez-lui le sein, si c'est ainsi qu'il s'endort le mieux.

- Le rot. Après une tété ou un biberon, bébé a besoin de roter avant d'être couché, sinon il vomi.

Redressez-le contre votre épaule et tapotez gentiment en bas des fesses, puis en bas du dos et pour finir en haut du dos. Répétez l'opération jusqu'à obtention d'un rot. Vous pouvez également massez affectueusement son dos pour faire venir le rototo.

Cela se résume bien souvent à ça de s'occuper d'un nourrisson. De l'affection et du pragmatisme. Soyez attentive et vous saurez détecter et comprendre les signaux que votre petit vous envoie.

Si vous avez des doutes ou des craintes, la sage-femme, le pédiatre sont là pour vous aider.

# CHAPITRE 12 :

# PAPA S'IMPLIQUE, MAIS A QUEL POINT?

Faire un enfant se décide à deux, se fait à deux, il est donc normal et important de l'assumer à deux.

Alors que maman qui porte l'enfant se prépare doucement à l'idée de devenir mère, l'expérience est vécue de manière totalement différente par le papa.

En effet, il a beau s'émerveiller en touchant votre joli ventre quand bébé donne un coup de pieds, il ne réalise réellement qu'il va être père que lorsque bébé nait. C'est au moment où le partenaire assiste à l'accouchement (pour les plus téméraires), que l'on lui met sa progéniture dans les bras pour la première fois, qu'il prend conscience et verse une larme de bonheur intense.

Certains s'adaptent très vite et endossent leur rôle de père avec ferveur et dévouement en souhaitant s'impliquer à fond et partager toutes les tâches avec la maman. Après tout c'est aussi leur petit à eux, qu'ils aiment, chérissent et dont ils ont autant le droit de s'occuper. Tandis que d'autres peuvent être moins investis et plus maladroits.

Ce n'est pas toujours évident pour une maman de déléguer à papa car nous avons parfois du mal à avoir une confiance absolue et confier notre petit ange. De véritables mamans louves! Cela se travaille. Si, par exemple, vous sentez que vous n'êtes pas totalement rassurée, mettez papa à l'épreuve en restant dans les parages et en gardant un œil dans les débuts, en essayant de lui expliquer avec diplomatie ce qu'il faut faire. Ne vous agacez pas s'il ne fait pas les choses exactement comme vous souhaiteriez qu'il les fasse. Il risquerait de mal le prendre et se braquer. Ce serait dommage qu'il estime que vous n'avez pas confiance en lui et besoin de son aide, ce qui est bien sur totalement faux.

Cela dit, ce n'est pas parce que votre partenaire ne fait pas tout comme vous qu'il le fait forcément moins bien!
Essayez de donner une chance à sa méthode, il peut aussi avoir le recul nécessaire pour agir de la bonne manière.

Si à vos yeux le papa ne fait pas tout parfaitement, il faudra vous adapter et le solliciter pour arriver à l'impliquer au maximum. Ses hormones ne le guident pas comme les vôtres. Il reste indépendant et pour lui la vie n'a pas vraiment changé. Ce n'est pas instinctif de comprendre que bébé a faim ou qu'il faut le changer, surtout s'il n'a pas assisté aux cours de préparation à la naissance et aux démonstrations de l'auxiliaire de vie. Il aura besoin d'être guidé. A ses yeux, vous êtes le borgne dans le royaume d'aveugles. N'ayant pas porté le bébé, il ne ressent pas autant les changements surtout si la maman s'occupe de tout et le met à l'écart. Ce qui est une grosse erreur! En faisant cela non seulement elle ne trouve pas l'aide qui lui est salutaire pour s'occuper de bébé mais elle torpille leur vie de couple par la même occasion.

Les mamans considèrent bébé comme leur chasse gardée. Elles ont cependant besoin d'être secondées par leur partenaire pour le bien-être et l'équilibre de toute la famille.

**Quelques idées basiques pour que le papa ne se sente pas exclu**

Aux yeux du nouveau-né il n'y a que maman qui existe. Il reconnaît son odeur, similaire à la sienne, le son de sa voix. Si la maman allaite elle représente tout pour bébé.

En ce qui concerne le papa, à la naissance bébé ne le connaît pas encore et n'a donc pas le même rapport à lui. Papa doit faire en sorte d'exister et de rassurer son petit par sa présence. Globalement son rôle est d'aider, assister, soutenir maman, faire en sorte que tout ce qui gravite autour de bébé et maman se passe bien.

Si la maman allaite il ne pourra donc pas nourrir bébé, mais il peut participer aux changes de celui-ci, au bain, et aux câlins. Afin que l'enfant s'habitue à son odeur, son affection et sente qu'il est la seconde personne sur qui il peut compter dans la vie. Quand maman n'est pas là, papa prendra le relais en toute confiance.

C'est probablement la meilleure façon d'inclure papa dans la relation si particulière mère/enfant. Faire en sorte que cette inclusion soit épanouissante et non frustrante car papa n'est plus la priorité de sa partenaire alors qu'il l'était avant l'arrivée de bébé. Cependant, il y gagne une famille, une compagne qui se sent accompagnée et soutenue et une source supplémentaire d'affection et de bonheur grâce à bébé.

# CHAPITRE 13 :

# REPRENDRE LE TRAVAIL! A L'AIDE NOUNOU!

**La course aux crèches!**

Commencez les recherches pour un mode de garde suffisamment tôt, surtout si vous souhaitez obtenir une place à la crèche. Les démarches étant souvent longues et compliquées.

Certaines mairies demandent qu'une inscription en crèche soit faite en début de grossesse. D'autres préfèrent vous faire attendre jusqu'au sixième mois avant de prendre en compte votre demande. Renseignez-vous bien auprès de votre mairie, du conseil général ou auprès de la crèche dès lors que vous tombez enceinte, pour ne pas louper le coche.
Faites des demandes dans plusieurs crèches.

Cependant, même en vous y prenant suffisamment tôt, vous n'aurez aucune garantie d'avoir une place. Une vraie bataille commence alors!

Les prioritaires pour les places en crèche sont les personnes handicapées (parents ou enfants), les réinsertions sociales de parents en difficultés ou encore les grossesses gémellaires. Sinon, c'est un peu au petit bonheur la chance.

Une mixité sociale est souhaitée, donc pas de soucis de favoritisme ou de discrimination.

A moins d'avoir des connaissances à la mairie, c'est le hasard qui décidera de votre sort.

Voici, à titre indicatif, une liste de documents que vous aurez à fournir et qui peuvent varier selon les crèches :

- la photocopie d'une pièce d'identité des deux parents
- Si l'enfant n'est pas encore né : le carnet de maternité ou certificat de grossesse
- Si l'enfant est né : le livret de famille ou acte de naissance.
- les fiches de paye des trois derniers mois
- un ou plusieurs justificatifs de domicile
- votre déclaration de revenus de l'année en cours
- votre numéro d'allocataire CAF

Si vous faites des photocopies de vos documents, n'oubliez pas d'apporter les originaux avec vous.

Dans le cas d'une réponse négative, ou bien si vous préférez confier votre enfant a une assistante maternelle agréé (plus avantageux dans le cas où vous souhaiteriez bénéficier d'une aide de la Caisse d'Allocation Familiale française et des réductions d'impôts, à partir de l'année suivante) il faudra prendre contact avec le relais des assistantes maternelles de votre quartier.

Une liste des assistantes maternelles disponibles vous sera remise, vous pourrez ainsi les contacter puis les rencontrer.

**Super maman est dans la place!**

Lorsque l'on arrive à la fin de notre congé de maternité, on se sent souvent angoissée par tout ce que l'on va devoir affronter une fois que l'on va reprendre une activité professionnelle.

Après deux mois de communion intime avec votre bébé, vous allez être amenée à le confier. Ce qui, on vous l'accord, n'est pas chose évidente. Vous allez devoir organiser votre emploi du temps quotidien, entre votre travail, qui vous prendra de longues heures, le transport et les moments avec votre bout de chou. Passer des moments de qualité avec votre bébé sera désormais votre priorité absolue! Mais vous allez également devoir vous occuper de la maison, faire à manger à bébé et au reste de la famille, faire les courses, vous occuper des tâches administratives, etc. Tout cela en essayant de ne pas vous tuer à la tâche. Et après on nous appelle le sexe faible!

On ne le répétera jamais assez, rappelez-vous encore et toujours du fameux mot-clé qui sauve : Déléguez! Cela sera nécessaire à votre survie! Votre bébé a besoin d'une maman en forme et heureuse pour se sentir bien. N'oubliez pas que si vous êtes épuisée et stressée, il le ressentira. Vous représentez le monde pour votre bébé, votre bien-être est aussi important pour vous que pour lui!

La force d'une femme est de trouver le moyen de gérer les problèmes de la meilleure façon possible et dans ce cas il n'y a pas de secret : faites-vous aider au maximum!

Il est temps de sortir votre formule magique et de l'utiliser autant de fois que nécessaire : «Chéri, tu veux bien s'il te plaît...merci mon chéri!» attribuez lui la tâche qui vous soulagera le plus. Et si la méthode douce ne fonctionne pas, sortez l'artillerie lourde : la carotte, belle maman, la culpabilité, etc. Bref, trouvez le point sensible.

Enfilez votre costume de Superwoman! Vous êtes une femme, vous savez comment enjôler, sinon c'est le moment ou jamais pour apprendre. Super maman est dans la place, Oui! Papa, quant à lui risque de se retrouver dans la mouise!

**Comment trouver sa Mary Poppins?**

Supercalifragilisticexpialidocious! Il vous faudra faire autant d'efforts pour bien prononcer cette formule que pour trouver la parfaite Mary Poppins!

Mais en partant avec quelques bonnes bases vous pourrez confier votre trésor en toute confiance.

Vous allez très certainement vous fier à votre intuition qui vous guidera dans le choix de la personne parfaite à vos yeux, mais nous allons vous donner quelques points principaux et importants qui pourront faciliter la sélection de votre Miss Poppins idéale.

Dans le cas où vous n'auriez pas obtenu de place en crèche et ce malgré tous vos efforts, un mois avant la reprise de votre travail il va falloir chercher un autre mode de garde pour votre enfant. Le plus pertinent, mais aussi le plus coûteux, est une assistante maternelle agrée. Mais il existe des modes de gardes alternatifs, moins chers mais aussi moins encadrés comme la garde par les grands parents, les nounous non agrées ou carrément non déclarées.

Ces dernières sont certes bien moins chers qu'une assistante maternelle agrée, mais vous devrez analyser le degré de confiance que vous pouvez leur accorder, et vous assurez de pouvoir leur confier ce que vous avez de plus précieux, votre angelot. Si vous connaissez la personne, ou bien d'autres parents-enfants avec lesquels cela s'est bien passé, cela peut-être une solution. Prenez tout de même en compte le fait que vous n'aurez pas de contrat, ce qui implique que vous pouvez être lâchée à n'importe quel moment, parfois sans préavis et vous devrez vous dépatouiller de cette galère. La nounou peut aussi avoir un nombre trop important d'enfants à garder faites donc bien attention à ce qu'elle ne néglige pas le vôtre. Certaines assistantes peuvent se montrer réfractaires aux critiques et vous menacer de vous lâcher parce que vous avez demandé à ce que la couche soit moins serrée ou bien qu'elle badigeonne de crème les fesses rougeoyantes de bébé.

## Comment sélectionner une nounou?

Pour trouver une nounou agréée il vous faudra entrer en contact avec un organisme appelé Le RAM (Relais des Assistantes Maternelles). Celui-ci vous fournira une liste d'assistantes maternelles agréées dans votre région, sous forme de tableau indiquant nom, prénom, adresse, téléphone, horaires de travail, âge des enfants qu'elle souhaite garder, etc.

Vous trouverez sur cette liste les assistantes qui correspondent le mieux à vos besoins. Vous devrez les contacter en fonction de la distance à votre domicile, l'idéal étant sur le chemin que vous emprunter pour vous rendre au travail.

Pourquoi est-il important de préciser l'âge? Eh bien parce que la nounou devra respecter une certaine cohérence par rapport à l'âge des enfants qu'elle garde. Si, par exemple, elle s'occupe de trois enfants d'âges différents, dont des bébés, elle ne pourra pas sortir le plus grand et sera bloquée par les plus jeunes. D'où la nécessité de cette information.

Regardez également les plages horaires que propose l'assistante maternelle. Il se peut qu'elle propose des gardes de nuit pour les infirmières, le personnel hospitalier, par exemple. Ou bien qu'elle préfère s'occuper d'enfants d'enseignants, pour pouvoir bénéficier des mêmes vacances scolaires et ainsi en profiter pour passer du temps avec ses propres enfants.

Il peut également arriver qu'elle demande à ce que votre bébé soit récupéré au plus tard à 17h00. Si vous êtes fonctionnaire et que vous finissez à 16h00, cela pourrait vous convenir. Si par contre cela ne vos arrange pas, autant choisir une assistante agréée avec des horaires plus souples.

Une fois que vous avez arrêté votre choix sur deux ou trois assistantes maternelles, qui vous semblent correspondre à vos exigences sur le papier, prenez contact avec elles et allez les voir avec bébé. Observez-les dans leur milieu naturel.
Si en arrivant, par exemple, vous remarquez que la télévision est allumée et que les enfants sont abrutis devant, prenez vos jambes à votre cou et ne vous retournez pas.

Les nounous devront vous faire visiter les lieux. Regardez bien si l'endroit est propre, rangé, si les enfants ont suffisamment d'espace pour jouer, que l'espace prévu pour la sieste est bien aménagé, etc. Autant de détails primordiaux qui vous assureront que votre enfant ne risque rien. Même si en réalité les assistantes sont très souvent contrôlées, à l'improviste, ce qui est plutôt rassurant.

Observez également leur comportement avec les autres enfants, la manière de leur parler, de s'en occuper, si les enfants ont l'air de s'y sentir bien.

Voyez si elle s'intéresse à votre enfant, si elle pose des questions, si elle est douce, si elle demande à prendre votre progéniture dans ses bras et comment elle se comporte. Est-elle réconfortante, amusante, votre enfant semble-t-il être à son aise avec elle?

En résumé, fiez-vous à votre bon sens et à votre intuition.

**Attention!** Ce n'est pas parce que bébé pleure dans les bras de l'assistante maternelle qu'elle n'est pas bien. Cela reste une première rencontre, votre enfant peut avoir besoin de temps pour se familiariser avec elle et avec ce nouvel environnement.

Avant de confier votre trésor à une assistante maternelle, vous devrez lui en parler. Comme nous l'avions déjà évoqué (oui, on sait, on se répète) bébé ne comprend certes pas ce que vous dites, mais il ressent les choses. Si vous le rassurez, cela rendra le moment de la séparation plus simple, aussi bien pour lui que pour vous. Alors n'hésitez pas à lui expliquer que vous devez aller travailler mais que vous allez revenir très vite et que vous ne l'aimez pas moins pour autant.

**Devenez le patron!**

Sélectionnez la nounou qui vous convient le mieux et proposez-lui de l'embaucher.

Pour tout savoir sur la procédure à suivre, vous pouvez, par exemple, lui donner rendez-vous au RAM (le relais des assistantes maternelles). Là, une personne compétente s'occupera de vous expliquer comment se déroulera votre collaboration. Et vous aidera à élaborer le contrat de travail de la nounou agrée. Vous déciderez ensemble si vous souhaitez un contrat en année complète, c'est à dire un CDI avec cinq semaines de vacances annuel pour l'assistante maternelle.

Ou bien un contrat en année incomplète, dont les termes seront à définir selon vos obligations, contraintes et celles de votre future assistante maternelle.

Vous devrez également déclarer votre employée à la caisse d'allocations familiales et déclarer tous les mois les salaires que vous lui versez. Étape importante pour percevoir l'aide de la CAF (Caisse d'Allocations Familiales) mais aussi pour pouvoir déduire les salaires de vos impôts.

Vous devrez vous mettre d'accord ensemble sur les dates de vacances (période, durée et divers arrangements).

Vous négocierez le nombre d'heures journalier durant lesquelles vous lui confierez votre enfant, le nombre de jours par semaine, si elle devra ou non s'occuper des repas, si vous acceptez qu'elle sorte l'enfant, etc.

Une fois que vous avez fait votre choix, que la nounou accepte de garder votre bébé aux conditions négociées précédemment, que le contrat est signé, vous devrez faire une période d'adaptation pour votre bébé. A savoir, aider votre enfant à s'habituer à sa nouvelle nourrice.

Vous pouvez commencer la période d'adaptation environ quinze jours avant la reprise de votre travail.

Cette période consiste à emmener bébé chez la nounou et passer avec lui deux heures durant lesquelles vous laisserez cette dernière s'en occuper tout en étant présente. Deux journées consécutives devraient suffire.

Le troisième jour vous resterez une demi-journée et laisserez la nounou s'occuper de bébé sans interférer. Là encore durant deux jours.

Puis vous laisserez bébé seul avec la nounou durant deux heures, pendant deux jours.

Vous terminerez la période d'adaptation en confiant votre bébé pendant une demi-journée, deux jours de suite, pour enfin finir avec une journée entière.

Cela permettra à votre enfant de s'accommoder à son nouveau rythme de vie et d'apprivoiser sa nounou. Celle-ci s'adaptera également à son mode de fonctionnement, sans que cela ne soit trop brutal ou déchirant ni pour bébé ni pour maman. Car maman aussi doit se faire à l'idée que quelqu'un d'autre prendra soin de son bébé et doit être capable de faire confiance pour avancer d'un point de vue personnel. L'adaptation a pour but de vous rassurer car elle vous permet de voir comment la nounou s'occupe de bébé. Si vous avez des recommandations à lui soumettre ou des souhaits à exprimer, c'est le moment de le faire. La nounou a aussi pour rôle de vous conseiller. Si vos consignes lui semblent être bonnes, elle les suivra. Cependant, elle peut aussi être amenée à vous conseiller de modifier votre façon de faire, si de par sa formation et son expérience elle pense que vous êtes dans l'erreur.

Petit conseil aux mamans qui viennent tout juste de confier leur bébé à une étrangère (bien que professionnelle elle reste une personne étrangère) pour la première fois : Pendant les deux heures durant lesquelles vous confiez la prunelle de vos yeux, faite quelque chose pour vous et vous seule. Mettez-vous à une terrasse de café et savourez un bon chocolat chaud avec un magazine, faites-vous masser, faites du shopping, ou allez-vous faire bichonner chez le coiffeur. Bref, faites-vous plaisir et profitez-en pour vous réapproprier la part de votre féminité que vous avez délaissée depuis votre grossesse. Vous êtes une femme, vous l'avez certainement oublié parce que quand vous sortez avec bébé, les regards qui se posent sur vous ont changés. On ne vous drague plus, on vous sourit avec compassion et tendresse, vous n'êtes plus une proie à chasser. Prenez donc le temps de savourer ces quelques heures qui vous sont offertes. Bientôt vous reprendrez le travail, c'est le moment ou jamais de profiter de ce petit laps de temps libre.

**La garde partagée**

La garde partagée s'effectue en accord avec une autre famille qui confie ses enfants à la même nourrice que vous, une semaine sur deux, sur le principe suivant :

La nourrice garde vos enfants et ceux de la seconde famille chez vous et la semaine suivante au domicile de l'autre famille.
Cette option est moins coûteuse étant donné que vous ne payez pas de frais d'entretien, vous gérez les courses et les repas. Contrairement à une nounou agréé qui s'occupe de votre bébé à son domicile et en ce cas vous devez participer aux frais de fonctionnement (chauffage, jouets, eau minérale, coton...) à hauteur d'environ 4€/jour. Si par ailleurs vous souhaitez que la nounou se charge des repas, il faudra rajouter trois à quatre euros supplémentaires par jour. Avec le système de garde partagée vous faites donc des économies mais vous avez un peu plus de travail. A vous de voir ce qui vous convient le mieux.

Certains parents n'aiment pas avoir la nourrice chez eux. D'autres n'y voient aucun inconvénient.

**Quelques avantages d'une assistante maternelle agréée**

Le plus gros avantage, lié au fait d'avoir une nounou en comparaison avec la crèche, est que si votre enfant est malade la nounou agréée ne refusera pas de le garder et prendra soin de lui. Vous demanderez à votre pédiatre un protocole de soin que vous confierez à votre nounou, qui lui donnera le droit de donner à votre enfant du Doliprane en cas de fièvre, un anti diarrhéique ou autre, selon les besoins.

Contrairement à la crèche, le salaire de la nounou agréée est déductible des impôts sur vos revenus puisqu'il constitue une charge.

L'embauche d'une assistante maternelle donne également droit à une aide de la Caisse d'Allocations Familiales, qui est calculée en fonction de vos revenus et du salaire de votre employée.

Une assistante maternelle a des horaires modulables. Vous pourrez donc vous arranger si, par exemple, vous êtes en retard ou bien retenue au travail.

Certains vous dirons que les crèches sociabilisent les enfants alors que ceux en garde chez une nounou sont plus «sauvages» et auront des difficultés d'adaptation plus tard, à la rentrée scolaire. Certes, mais si vous choisissez une nounou qui s'occupe de plusieurs enfants (certaines ont des agréments jusqu'à quatre enfants) cela ne sera pas un problème. Par ailleurs, les assistantes maternelles se retrouvent au parc avec les enfants, participent souvent aux activités organisées par le RAM (éveil musical, dessin, jeux en tout genre, fêtes, etc.) et ce régulièrement. Votre enfant sera amené à côtoyer d'autres enfants.

Une fois que vous avez réussi le tour de force de laisser bébé en crèche, chez sa nounou ou chez mamie pour les plus chanceux (ou pas, si mamie est du genre à en profiter pour empiéter sur les plates-bandes de maman...), vous devrez vous organiser pour pouvoir gérer votre nouvelle vie avec votre emploi du temps de ministre.

Vous allez devoir vous levez tôt, très tôt pour certaines. Vous devrez préparer bébé pour le déposer chez la nounou. Donc le nourrir, le changer, l'habiller, puis vous préparer vous-même.
Déposez bébé chez votre assistante maternelle, non sans prévoir quelques 10 minutes supplémentaires afin qu'il ne se sente pas largué comme un colis. Confiez-le à la nounou tranquillement pour ne pas le stresser, prenez quelques minutes pour le consoler en cas de besoin, puis filez au travail.

Après une longue journée de dur labeur, vous devrez revenir chercher votre enfant, le ramener à la maison, lui consacrer du temps. Faites-lui la fête, montrez-lui qu'il vous a manqué, gardez-le dans vos bras, parlez-lui, jouez avec lui si il est en âge de jouer, puis préparez à manger, faites lui un bon bain, changez-le, nourrissez-le, puis passez au coucher....Ouf, on reprend son souffle! Après une telle journée il est évident que vous serez vite exténuée.

Faites en sorte que le papa vous aide. S'il se lève à la même heure que vous, il pourra s'occuper de changer bébé une fois que vous l'aurez allaité ou lui aurez donné le biberon, pendant que vous vous préparez. Dans la mesure du possible, confiez-lui la tâche de récupérer bébé le soir, de faire les courses ou même de cuisiner s'il sait faire. Si ce n'est pas le cas, la vaisselle ou le bain feront l'affaire. A vous de trouver votre équilibre.

Si vous êtes fatiguée, faites une cure de vitamines et/ou un check-up complet. Souvent après une grossesse on est carencée, on perd ses cheveux, on a des tâches, les dents fragiles, la vue qui baisse, etc. Requinquez-vous en dormant bien et en vous nourrissant sainement. N'oubliez pas que si vous êtes bien dans votre peau et dans votre corps, votre bébé n'en sera que plus heureux.

# CHAPITRE 14 :

# LES FINANCES DANS TOUS LEURS ETATS!

**Bébé ou un vrai vide poche!**

L'arrivée de votre angelot c'est aussi une grande (ré)organisation financière!

Il est donc préférable d'anticiper les frais, en mettant de l'argent de côté le plus tôt possible et en commençant à penser malin, pratique et économique!

Pour vous donner une petite idée des frais de départ, vous aurez besoin de :

- biberons (adaptés à chaque âge)
- vêtements (grenouillères, bodies, pyjamas, bavoirs, bonnets, chaussettes, bas, cape ou peignoir de bain …)
- porte-bébé
- lit
- table et matelas à langer
- baignoire
- poussette (nacelle, siège auto, canne…)
- meubles (commode, lit parapluie, rangements en tout genre)
- lingettes nettoyantes
- crème pour fesses de bébé
- coton et cotons tiges adaptés
- jeux d'éveil

Essayez de récupérer un maximum d'affaires auprès de vos proches, frères, sœurs, amis ou âmes charitables dont les angelots ont déjà poussés. Cela vous dépannera et ne pourra que vous aider en évitant quelques frais! Sans oublier la liste de naissance!

Cela étant dit, même si vous avez la chance de pouvoir récupérer une certaine quantité d'affaires, vous n'échapperez pas au budget couches, lait en poudre, lingettes, coton, petits pots ou babycook, dans le cas où vous souhaiteriez préparer vous-même la popote de bébé et les courses qui vont avec. Chose tout à fait possible mais qui demande une bonne organisation surtout lorsque l'on poursuit une activité professionnelle. Là encore on n'oublie pas l'implication du papa!

## Les achats «one-off»[2]

En d'autres termes, ce que vous ne devrez acheter qu'une seule fois. Bébé nécessitera de bien des achats mais voici quelques indications sur ce que vous ne devriez en théorie pas avoir à racheter.

Pour ceux et celles d'entre vous qui vivez dans une grande ville, bien desservie en transports en commun, vous n'aurez peut-être pas besoin d'investir dans une voiture. Mais si vous avez établi votre nid plutôt au vert et au calme, et si vous n'avez pas déjà une voiture (ce qui serait étonnant), vous devrez très certainement vous en procurer une.

---

[2]Terme anglais signifiant «unique»

Bonjour le coût du véhicule, le tout bien arrosé par les frais d'essence, d'assurance, de parking et malheureusement de contraventions!

Vous avez une solution plus économique qui est celle d'utiliser les voitures «Autolib'/bluecar». Elles sont mises à disposition quasiment partout et vous rendront bien service de temps à autre. Vous pourrez les emprunter à moindre coût tout en préservant la planète étant donné qu'elles sont électriques.

Attention à ne pas oublier le siège auto! Il est strictement interdit de conduire avec bébé sans le siège.

Si vous ne prévoyez pas de déménager dans l'immédiat et que vous avez la place nécessaire pour aménager la chambre de votre petit ange, pensez à investir dans une décoration qui lui conviendrait et le suivrait pendant quelques années. Si votre budget ne vous permet pas de vous lancer dans des travaux et la re-décoration, pensez la chambre de bébé de manière à ne pas avoir à la transformer en chambre de petite fille/petit garçon au bout de trois ans. Sauf si bien entendu vous en avez l'envie, les moyens et que c'est quelque chose que vous avez déjà prévu de faire. Pendant les premières années de la vie de votre bout de chou, le décor de la chambre vous fera plus plaisir qu'à lui. Bébé, lui, n'en aura pas conscience.

Sinon essayez d'être pragmatique. Préparez une chambre claire avec des petits éléments colorés (autocollants, cadres, lampes, doudous, etc.) qui attireront le regard de bébé et donneront le ton de la chambre, fonctionnera très bien et vous permettra de modifier à moindre coût lorsque votre enfant grandira et affirmera ses goûts.

Parmi les affaires les plus coûteuses, vous devrez vous procurer des meubles pour la chambre : une table à langer, indispensable pour changer bébé sans se plier six fois par jour et se tordre le dos pendant le changement des couches sales. Un investissement qui vous soulagera, donc, n'hésitez pas. Evidemment, si vous pouvez vous faire offrir la table ou récupérer celle de votre sœur, lors d'un vide grenier ou sur «Le bon coin» c'est encore mieux. Les bons plans c'est le domaine de maman!

Le landau est un autre investissement onéreux et pas forcément indispensable puisqu'il ne sera utile que jusqu'au sixième mois de votre bébé. Il vous faudra ensuite acheter un lit à barreaux pour bébé. A vous de voir donc si le landau vous sera d'une grande utilité ou non. Toutefois, si vous décider d'en acheter un, il fera le plus bel effet dans une jolie chambre et mettra bébé dans un cocon qui n'est pas sans rappeler le temps où il était dans le ventre de sa maman.

En ce qui concerne le lit à barreaux, préférez les lits évolutifs qui s'allongent et deviennent de vrais lits une place d'adulte, pour éviter d'en changer à chaque fois que votre enfant prend des centimètres.

Les autres achats "one-off" seront : armoires, commodes et tous types de rangements pour les affaires, les couches et les produits de bébé. Choisissez quelque chose de classique et de sobre que vous pourrez éventuellement customiser et qui s'adaptera à une chambre de bébé et d'enfant à la fois. Cela vous évitera de racheter les meubles plus tard.

Parmi les indispensables, on trouve également le tapis d'éveil pour les jeux de bébé qui amortira aussi ses chutes lorsqu'il commencera à ramper, puis lorsqu'il marchera. Préférez un tapis suffisamment grand et le plus épais possible. Joignez l'utile à l'agréable et à l'éducatif en le choisissant coloré et ludique pour amuser, distraire votre petit mais aussi pour commencer à développer ses sens.

Le lit parapluie vous servira à garder bébé près de vous dans le séjour, par exemple, ou lorsque vous l'emmènerez chez des amis ou la famille. Il vous dépannera si le petit doit dormir.

Si vous êtes amenée à vous déplacer avec bébé, une baignoire pliable pourrait aussi vous être utile. Vous pourrez donner le bain à votre petit en toute tranquillité où que vous soyez.

Il est aussi indispensable d'acheter de quoi sécuriser la maison. A la minute où bébé commence à explorer les lieux, il sera en danger. Il vous faudra boucher toutes les prises accessibles, vous procurer des blocs-portes pour ne pas que bébé se coince les mains, acheter des coins de tables en silicone, etc.

Poussette/nacelle/siège bébé : l'achat indispensable et obligatoire que vous devez faire. Savez-vous qu'il est interdit de sortir de la maternité avec bébé si vous n'avez pas de siège auto? Même si vous n'avez pas de voiture, vous devrez en posséder un (et accessoirement encombrer votre cave qui déborde déjà).

La poussette est un outil indispensable on ne vous le répétera jamais assez. Investissez dans une poussette de qualité, suffisamment haute pour ménager votre dos. Vous en aurez bien besoin de votre dos car contrairement à ce que l'on imagine, les mamans portent leur enfant bien plus longtemps que durant neuf mois.

Mais surtout il vous faudra la nacelle/le cosy durant les six premiers mois. Accessoire utile qui sert à transporter bébé comme dans un landau en toute sécurité.

Le mixeur cuiseur bébé, une invention géniale qui vous permet de préparer des repas sains et équilibrés pour bébé, en 15min chrono. Les purées seront aussi mixées dans le même appareil. Choisissez-en un qui fait chauffe-biberon, cela vous évitera d'avoir trop d'appareils de ce type et d'utiliser le bain mari ou le micro-onde pour chauffer le biberon de bébé. Mais là encore on peut en récupérer un ou tout bonnement cuisiner les repas de bébé en même temps que les vôtres. Les casseroles aussi font très bien l'affaire.

**Les dépenses du quotidien (plus importantes que l'on imagine)**

Les couches, ou le gouffre financier de tous parents! Cet achat constant, répétitif et coûteux, il faut bien l'admettre, vous siphonnera le porte-monnaie à hauteur de 18 à 32 euros le paquet, en fonction des marques, tous les huit à dix jours. Vous allez le sentir passer. Alors dès que vous voyez des promotions, achetez en grande quantité et faites le plein.

Choisissez des couches de bonne qualité qui garderont bébé au sec et qui favoriseront son bien-être. Vous l'aurez compris, c'est bien le paquet à 32€ qu'il vaudra mieux privilégier.

Une fois que vous êtes bien équipés en couches culottes, il faudra aussi tout ce qui est lié au change de bébé comme, par exemple, les lingettes (A n'utiliser que ponctuellement, comme lorsque vous êtes à l'extérieur et que vous n'avez pas d'autres choix. Tout produit chimique est à éviter sur la peau de bébé.)
Il en sera de même pour les laits nettoyants et hydratants que l'on trouve dans le commerce qui sont bien souvent chers et bourrés de produits chimiques. Nettoyez les fesses de bébé à l'eau claire à l'aide d'un coton (voir aussi le chapitre «Recettes de grand-mère»)

Le coton pour fesses de bébé coûte aussi bien plus cher que le coton normal. Vous pouvez donc utiliser le coton simple pour faire des économies car vous allez en consommer beaucoup.

Le lait et autres repas préparés vous coûteront également les yeux de la tête. Le lait coûte en moyenne 20€ la boîte qui durera une semaine si vous n'allaitez pas et si votre bébé n'est pas un glouton. Avec l'âge le prix baisse certes mais pas de beaucoup (15 €/boite de lait en moyenne à douze mois) donc ajoutez cela au prix des couches, des petits pots de compotes, des petits plats et des yaourts, et vous êtes officiellement ruiné. Et en ce qui concerne l'astuce de la récupération, malheureusement elle ne marche pas pour ces produits, il ne vous reste plus qu'à guetter les promotions, à collectionner les coupons, et à demander des échantillons aux marques en vous inscrivant sur leurs sites. Ils vous enverront des lots de produits à tester et à adopter. Si vous préférez vous tourner vers les produits plus naturels, bio, sans sucre, sans conservateurs, etc. cela risque de vous coûter encore plus cher!

La solution qui allie économie et santé est de cuisiner des bons petits plats bio et de bonnes compotes maison vous-même, si vous en avez le temps et la possibilité!

Votre pharmacien fera fortune sur votre dos.

Vous commencerez par lui acheter toute une série de vaccins, puis d'instruments de «tortures» tels que les mouche-bébé électriques ou par aspiration buccale (oui, oui vous aspirez vous-même la morve des narines de bébé, une processus très peu apprécié par le bébé!), avec les dizaine d'embouts jetables qui vont avec. Sans oublier les dizaines, voire les centaines de boîtes de sérum pour moucher le nez de bébé quand il est malade, des tonnes de pommade pour les fesses rouges, les produits homéopathiques qui soulagent les poussées dentaires, toutes sortes de médicaments et produits du type crèmes anti-piqûres d'insectes, moustiquaires, crèmes solaire, tisanes anti-colique, etc. La liste est exhaustive. Votre pharmacien va vous adorer!

Les vêtements sont aussi un gouffre financier étant donné que votre petit grandit constamment et devient justement de moins en moins petit! Vous devrez refaire sa garde-robe constamment, en fonction de son âge et des saisons.

Body manches courtes et manches longues, grenouillères en coton/velours, pulls en laine/coton, leggins chauds ou fins, tee-shirts en coton manches courtes ou longues, gilets fins ou chauds, vestes d'été/printemps ou cirés d'automne, manteaux/doudounes pour l'hiver, collants fins ou en laine, chaussettes courtes ou hautes, etc.

Ce qui coûte le plus cher restent les manteaux et les chaussures. Les chaussures pour aider bébé à bien marcher (babybottes) coûtent en moyenne 80€ la paire et ne seront pas portées bien longtemps. Le pied de bébé grandit vite. Il n'est donc peut-être pas très judicieux d'investir de grandes sommes d'argent dans un vêtement qui ne sera porté que durant deux à six mois grand maximum.

Les chaussures doivent tout de même être de bonne qualité et neuves. Après tout il s'agit de la mobilité de votre enfant. Ne faites pas d'économie sur ce point.

# CHAPITRE 15 :

# LOISIRS, PEUT-ON EN AVOIR ?

Dans ce chapitre, nous allons aborder le sujet de la liberté de mouvements des jeunes parents et de la possibilité de conserver ou pas les activités et loisirs que l'on avait avant l'arrivée de bébé.

Pendant les premiers mois qui suivent la naissance de votre angelot, vous pouvez oublier le cinéma, le théâtre, les bars branchés, les boîtes de nuits et tout autre endroit où le bébé n'est pas admis. Vous allez devoir vous faire à cette idée pendant quelque temps, en vous rassurant tout de même que ce n'est que temporaire. Votre enfant grandira vite et vous retrouverez ce type de loisirs si vous le souhaitez d'ici...quelques années. Alors patience!

En attendant trouvez de quoi vous distraire entre les biberons, en allant, par exemple, voir des expositions au musée (entrée gratuite pour les bébés), en faisant du shopping pour bébé et pour vous-même, en faisant de grandes promenades au parc (qui seront bénéfiques pour vous deux), des pique-nique avec vos amis. Sortez de temps en temps de votre routine en mangeant un morceau au restaurant, ayez une activité sportive si vous le souhaitez et si vous êtes motivée.

Vous le savez désormais, votre mode de vie sera totalement happé par un seul et unique centre de gravité qui est votre bébé. Durant les premiers mois suivant l'arrivée de votre angelot, vous, chère jeune maman, serez fatiguée. Si vous voulez éviter les baby blues dû en parti à cet état et à la monotonie répétitive du manège tournoyant autour de bébé (biberon, rot, couche, biberon, rot, couche, biberon, rototo, bain, biberon, rototo, et ainsi de suite…), aussi adorable soit l'angelot, il va falloir faire quelques efforts.

Votre enfant s'habituera au mode de vie que vous lui offrirez. Il pourra ainsi vous suivre un peu partout. Tout est question d'habitude. N'hésitez donc pas à l'emmener avec vous tant que faire se peut. Au début il braillera, certes au mauvais moment, mais existe-il un bon moment pour brailler, direz-vous?

Il est malgré tout relativement simple de contenter bébé durant ses premiers mois. Nous avons déjà défini les besoins primaires de bébé, ces besoins demeurent les mêmes quand vous sortez. Il vous suffit de les combler et tout se passera pour le mieux.

Rassasiez-le, changez sa couche sale et donnez-lui tout votre amour, il sera ravi. Mais surtout, parlez lui, expliquez-lui où vous allez, ce que vous allez faire et que maman est près de lui, qu'il n'a rien à craindre. Il comprendra à sa façon et se sentira rassuré, cela l'apaisera. Soyez détendue et il le sera aussi.

Il vous laissera faire vos courses, votre promenade au parc ou votre shopping à conditions que vous lui donniez à temps son repas (tétée ou biberon), que sa couche soit propre et qu'il a eu suffisamment de repos. Un enfant fatigué est un enfant grognon. Vous devrez donc impérativement préparer un sac avec tout ce qu'il faut pour contenter bébé n'importe où, à savoir :

- des couches (plusieurs, au cas où)

- de la crème contre les irritations et des lingettes pour le changer en cas de besoins, n'oubliez pas un lange propre et une alaise pour le changer dessus.

- de quoi faire un biberon : lait en doses, eau minérale, biberon. Vous pourrez faire chauffer les biberons dans n'importe quel restaurant, fast-food ou autres, ils sont généralement très coopératifs. Prévoyez un bavoir, un biberon d'eau s'il fait chaud.

- de quoi le couvrir si les boutiques ont la climatisation allumée à fond.

- des vêtements de rechange s'il se salit (body, chaussettes, gilet, leggins/pantalon, grenouillère...)

- une tétine et un doudou pour le rassurer


**Maman fait du sport**

Ainsi, bien équipée à parer toute éventualité, vous pouvez exercer un sport dit tranquille tel que le yoga, le pilates, la musculation ou ce qui vous plaît, pendant que bébé dort dans son landau près de vous. Ou encore initier bébé à la natation en l'incluant dans vos activité aquatiques, faire de longues marches avec lui. Évitez les cours bruyant qui perturberont son sommeil. Si vous l'habituez à ce type d'environnement vous pourrez reprendre une activité sportive très rapidement, ce qui vous aidera à récupérer votre corps d'avant grossesse et votre moral par la même occasion. Le sport déclenche l'hormone du plaisir appelé l'endorphine. Une hormone qui aide également à combattre le stress ce qui vous est salutaire pour éviter les petites déprimes de type baby blues.

Si vous ne trouvez pas cela pratique ou si bébé n'est pas du genre coopératif, vous pouvez toujours faire du sport chez vous en l'incluant dans vos activités voir même vous en «servir» pour vous muscler davantage. YouTube regorge de chaînes qui offrent des tutoriels gratuits et ce pour tous les niveaux, toutes situations et tous les goûts. Ainsi vous pourrez exercer une activité sportive sans bouger de chez vous, quand cela vous convient, à votre rythme et sans que cela n'affecte bébé.

**Maman fait du shopping**

Si vous souhaitez faire du shopping, ce ne sera pas non plus mission impossible si vous avez respectez toutes les instructions citées précédemment. Bébé dormira dans son landau et vous pourrez lécher toutes les vitrines qui vous tentent durant sa sieste. Tout le monde sera heureux! Un conseil toutefois, préférez les centres commerciaux qui abritent souvent un espace tranquille dédié aux mamans qui allaitent ou donnent le biberon avec une certaine intimité. Tous les centres commerciaux ont aussi des espaces dédiés aux changes de bébé, ce qui vous facilitera grandement la tache puisque vous ne perdrez pas de temps à chercher un endroit où changer bébé, où vous installer pour le nourrir. Ce qui vous évitera de stresser et de stresser bébé par la même occasion. Soyez prévoyante afin d'éviter de transformer un bon moment en cauchemar.

**Maman va au restaurant**

Si vous le pouvez, pensez à nourrir votre petit ange avant de sortir afin qu'il n'ait pas faim et ne pleure pas. Changé et bien propre il est prêt pour sa sortie.

Un bon choix de poussette fera que votre enfant sera à son aise dedans. Ainsi, installé bien confortablement, il pourra faire un bon gros dodo et papa et maman pourront apprécier le repas en toute tranquillité.

Quand bébé sera plus grand (un an et plus), qu'il sera en mesure de s'asseoir correctement à table, privilégiez les assises pour bébé lors de vos sorties au restaurant. Cela lui donnera l'impression de faire partie du repas, l'encouragera à bien se tenir et à manger avec vous. S'il devient capricieux et pleure c'est peut-être qu'il est fatigué.

Si vous avez l'habitude de le mettre au lit tôt et à des heures régulières, une sortie peut perturber son rythme. Essayez, au possible, de le faire se reposer et dormir dans sa poussette.

Il peut arriver qu'il s'ennuie à table une fois le repas terminé. Il vous faudra prévoir de quoi l'occuper sans pour autant déranger l'entourage (jouets, livres, papier, crayons de couleurs). Rien non plus de trop bruyant et évitez de le laisser s'amuser avec vos couverts! Une mauvaise option pour tout le monde! Prenez quelques minutes pour vous amuser avec lui ou elle en chantonnant, par exemple, ou en jouant aux petits jeux habituels. Vous pouvez lui donner des petites choses à grignoter tels que ses biscuits préférés ou du pain, les enfants adorent le pain!

Faites attention à ne pas réserver dans un restaurant où les enfants sont interdits! Non, il ne s'agit pas d'une blague! A l'inverse, il existe des restaurants qui possèdent des espaces dédiés aux enfants et dans lesquels les parents peuvent se restaurer tranquillement pendant que des personnes qualifiés surveillent leurs enfants dans un espace de jeu sécurisé! Prenez donc l'habitude de vous renseigner sur ses endroits dédiés à votre bien être et à celui de toute la famille! De temps en temps cela fait du bien de souffler un peu et de casser la routine.

Sinon il vous reste l'option du baby-sitting, qui n'est pas mal non plus.
Exploitez vos proches pour des soirées sans bébé. Les grands-parents sont fait pour ça, les tontons et tatas aussi. Il y a également les parrains qui seront ravis de vous aider à passer une soirée tranquille avec votre chéri(e). N'oubliez pas de rassurer bébé en lui expliquant que vous le confiez à mamie (ou autre baby-sitter) qui va très bien s'occuper de lui, que tout va bien se passer et que surtout vous allez revenir très vite le chercher. Il vous faudra également préparer le nécessaire de bébé.

**Maman part en voyage avec bébé**

Il est bon de savoir que vous n'aurez pas à payer de billet d'avion/train avant le deuxième anniversaire de votre bébé. Malheureusement, il n'aura pas de siège attribué dans l'avion ou le train. Vous devrez théoriquement le garder sur vos genoux. Cependant, les hôtesses et stewards, qui veillent à votre bien-être, vous dégotent, dans la mesure du possible, une place de plus pour que bébé soit à son aise et vous également. Vous serez placée en tête de file et on vous proposera un panier pour coucher bébé (pour peu qu'il pèse moins de 10 kg). Vous ne l'aurez donc pas constamment collé à vous.

Si vous aimez les voyages, il y aura toujours la possibilité d'emmener votre bébé avec vous sans trop de tracas. Sachez également que vous avez le droit d'emmener votre poussette avec vous jusqu'à la porte d'embarquement de l'avion. Elle vous sera ensuite redonnée à la sortie, pour que vous n'ayez pas à porter bébé dans vos bras trop longtemps. Elle n'est pas belle la vie?

**Maman allaite, comment ça se passe!?**

Si vous avez fait le choix d'allaiter votre bébé, sortir le soir sera un peu compliqué, dans la mesure où vous ne pourrez pas le confier durant toute une soirée. C'est l'un des avantages d'un allaitement mixte. Essayez d'habituer votre bébé à la tétine du biberon, quitte à tirer votre lait et le lui donner de cette façon. Cela vous facilitera la vie, vous permettra de couper un peu le cordon et de gagner en liberté individuelle. Ce n'est pas évident mais c'est une option qui peut contribuer à votre bien-être.

Si vous ne souhaitez pas changer vos habitudes en continuant à allaiter, cela ne vous empêchera pas non plus de sortir prendre du bon temps, il faudra simplement une bonne organisation. Vous devrez, par exemple, allaiter au restaurant, si besoin est et rentrerez tôt pour mettre bébé au lit.

Ce sont des concessions que bien des mamans consentent à faire pour le bien-être de bébé. Après tout il n'est question que de quelques mois.

**Poussettes et transports en commun ne font pas bon ménage!**

Que vous alliez balader bébé ou souhaitiez sortir au restaurant ou partout ailleurs, vous aurez besoin d'une bonne poussette. Il en existe de toutes sortes et pour toutes les bourses. Pour votre confort et celui de bébé, investissez dans une poussette de qualité, solide, vous pourrez ainsi l'utiliser pendant trois bonnes années au moins. Son prix sera largement amorti. Si possible, choisissez-en une suffisamment haute, pour éviter à avoir à vous baisser constamment et prenez la plus légère possible, car vous serez amenée à porter l'engin dans les nombreux escaliers dont regorgent les métros et RER. Malheureusement on ne vous aidera pas toujours dans cette besogne, n'hésitez donc pas à solliciter l'aide que l'on ne vous propose pas. Ménagez au maximum votre dos!

**Le porte bébé ou la liberté de mouvement**

Voici une invention absolument géniale! Qu'il soit en harnais ou constitué uniquement d'un long morceau de tissu, le porte-bébé permet d'embarquer votre bout de chou, tel un bébé kangourou, où que vous alliez, sans avoir à porter ce satané instrument du diable, alias la poussette (Bon, il faut bien avouer que ça sauve aussi la vie une poussette!).

L'avantage le plus évident de cette accessoire est que bébé se retrouve collé contre papa ou maman et, par conséquent, se sent rassuré par l'odeur et la chaleur de ses parents. Le porte bébé permet de se déplacer rapidement sans dépendre d'autrui mais aussi de se partager la tâche, si les deux parents sont ensemble. Tantôt c'est papa qui porte bébé, tantôt maman et rien que pour cela on peut remercier le créateur de cette trouvaille.

Il y a tout de même quelques inconvénients qui peuvent être plus ou moins gênants selon les personnes. Le bout de chou n'est pas toujours très léger à porter dans un porte bébé. Dix kilos sur les épaules peuvent vite devenir pénible, surtout si vous êtes seule et que vous avez en plus le nécessaire de bébé et d'autres affaires à transporter. Affaires que vous n'avez pas à porter lorsque vous prenez une poussette.

Certains enfants supportent mal l'immobilisation qu'impose le porte bébé et l'expriment par des cris et des pleurs.

# CHAPITRE 16 :

# RETROUVER UNE VIE DE COUPLE

## La sexualité avant et après bébé

La sexualité est une partie importante de la vie à deux. Elle cimente le couple, le rend plus soudé quoique l'on en pense. Il est de ce fait important de savoir comment aborder le sujet durant le processus particulier de la maternité.

Les changements commencent à s'opérer déjà durant la phase grossesse. Les hormones prennent le dessus et peuvent modifier le désir et les attentes de la future maman.

La sexualité sera différente selon les trimestres. Chose tout à fait normal quand on sait que les changements physiques et psychologiques s'opèrent durant ces neuf mois provoquant des bouleversements variables à chaque étape de la grossesse.

## Les hormones en action!

Les revoilà ces fameuses hormones. Durant la grossesse elles peuvent être joueuses et coquines et amplifier le désir de la jeune maman qui se sent alors submergée par ses envies. Cela se produit généralement durant le deuxième trimestre. La future maman se sent mieux, plus épanouie et peut sentir un désir sexuel encore plus fort que ce qu'elle a connu auparavant.

On se dit alors que l'augmentation de la fréquence des rapports sexuels fait la joie des partenaires, chose qui peut-être vraie au début. C'est un peu comme si c'était Noël tous les jours. Monsieur est heureux de satisfaire sa dame et le couple s'en donne à cœur joie…jusqu'au moment où le chanceux futur papa commence à ressentir les effets de la fatigue (neuf mois c'est long!). Il peut alors commencer à ressentir une pression psychologique.

Sous l'emprise des hormones, la jeune maman n'est pas forcément consciente de la pression qu'elle exerce sur son compagnon. Ce dernier peut en arriver à se sentir oppressé au point d'essayer d'éviter sa partenaire insatiable. Après tout le futur papa n'est qu'un homme qui a, comme tout être humain, ses limites. C'est pour cette raison qu'il faudra en discuter ensemble. Il faudra que cela soit fait avec une certaine diplomatie, pour ne pas vexer, et tâcher, d'un commun accord, d'essayer de mettre en place une organisation, un système afin que tout le monde soit heureux et satisfait. Le couple peut discuter d'éventuelles idées qui permettront au futur papa de souffler un peu sans pour autant frustrer sa compagne durant la grossesse. Si le dialogue n'est pas instauré, la situation risque de vite devenir difficile à vivre.

La communication est la clé de toute relation réussie. Vous formez un couple, il faudra donc faire en sorte que la grossesse soit un moment agréable et le moins stressant possible pour les deux futurs parents.

# Bébé s'installe dans le ventre, le désir s'éclipse

A l'inverse, il peut arriver que la future maman perde toute libido pendant sa grossesse et surtout durant le premier trimestre.

Que les futurs papas se rassurent, cela ne durera que le temps de la grossesse et les quelques semaines qui suivent la naissance de bébé, mais tout rentrera dans l'ordre après.

Ne pas avoir de désir sexuel ne signifie pas que la future maman ne souhaite pas être proche de son partenaire pour autant. Ce n'est en aucun cas un rejet. Le tourbillon hormonal qui se produit en elle peut provoquer ce manque de désir qu'elle ressentait pour son partenaire avant de tomber enceinte.

Le futur papa devra se montrer assez doux dans son approche, être présent et offrir à sa bien-aimée une attention particulière qui créera une intimité différente de ce que le couple connaissait jusqu'à présent. Il faudra qu'il se montre compréhensif et soit à l'écoute de sa partenaire. La tendresse et les câlins sont importants. Cela pourra stimuler la future maman.

Il pourra discuter avec sa moitié d'éventuelles nouvelles pratiques ou positions qui conviendront peut être mieux à cette dernière, tout en apportant un peu de piment dans la relation. Cette période peut-être propice à l'exploration et la découverte de nouveaux câlins. Surtout pendant le troisième trimestre, durant lequel le ventre devient imposant et rend les relations sexuelles compliquées. Laissez court à votre imagination, à vos fantasmes et innovez!

En ce qui concerne le bébé, il n'y a pas de crainte à avoir, il est bien au chaud dans l'utérus. Il ne peut donc ni être touché, ni heurté et n'aura pas conscience de l'acte sexuel de ses parents. Tout ce qu'il ressent ce sont des vagues de bien-être dues aux hormones.

**Pas de changements à l'horizon**

Il arrive parfois que les attentes et le désir ne changent pas vraiment chez certaines futures mères. Vous n'aurez donc pas besoin de mode d'emploi pour ce cas de figure! Votre partenaire devra cependant rester aimant et faire preuve de patience afin de vous rassurer et faire en sorte que la grossesse se passe bien.

Quel que soit votre cas, optez pour une communication de tous les instants, la patience et de la diplomatie. Soyez positifs ensemble et tout ira pour le mieux.

**Papa devient frigide?**

On parle souvent des femmes enceintes et de leurs changements de comportement une fois enceinte. Mais on entend plus rarement parler des changements chez les futurs pères. Ces derniers ne sont certes pas soumis aux hormones en folie mais plutôt à des petites peurs irrationnelles du type cogner bébé avec leur pénis lors des rapports sexuels. Rassurez-vous, jeunes papas, si bien montés que vous puissiez, être bébé ne risque rien.

Vous devez exprimer vos craintes et en parler, par exemple, à votre médecin traitant ou si vraiment vous êtes trop gênés, faites quelques recherches sur internet et vous verrez que vos craintes sont loin d'être fondées.

**Bébé apparaît! La sexualité disparaît!**

Et voilà, le merveilleux petit bébé pointe le bout de son nez, ce qui implique une abstinence pouvant aller en moyenne de quatre à six semaines chez certaines femmes. Cela dépend de plusieurs facteurs (fatigue, état psychologique, santé, etc.) Tout dépendra aussi de la façon dont le corps se remet de l'accouchement ou de la césarienne. Et puis il y a le manque de sommeil qui s'installe! Les nuits blanches et le temps passé à s'occuper du nouveau-né ne laisse que très peu de place à la libido. C'est simple, vous n'y pensez même pas. Vos priorités ont changé et votre attention est exclusivement orientée vers bébé.

Néanmoins il est important de ne pas négliger son couple. Il n'y a pas que bébé qui a besoin de votre attention. Le papa aussi requière d'un minimum d'attention de votre part.

Vous êtes tous les deux épuisés par un rythme effréné et un changement radical de votre vie. Il faut alors trouver la façon de vous adapter et à apprivoiser cette nouvelle configuration afin de ne pas vous laisser déborder par vos émotions. Après la période de récupération, il sera important de retrouver l'intimité du couple que vous formez avec votre partenaire. Vous avez désormais deux rôles, celui de parents mais aussi sans oublier celui de couple.

Bien entendu, si vous avez connu un accouchement difficile ou encore les joies de l'épisiotomie, vous ne serez pas pressée de retrouver une activité sexuelle. Mais vous devrez de toute façon attendre le retour de couche avant de reprendre une activité sexuelle. Ce laps de temps permet de cicatriser correctement et que la zone se remette gentiment du traumatisme vécu. Un peu de patience donc Messieurs!

Il vous faut également reprendre une contraception après le retour de couche. Sauf si vous souhaitez avoir un deuxième enfant immédiatement. Cependant, mieux vaut prendre son temps, rien ne presse.

La contraception est un détail important que vous pouvez régler auprès de la sage-femme au moment de quitter l'hôpital avec bébé sous le bras...Ou plutôt bébé dans le siège-auto hors de prix!

Elle vous prescrira la pilule que vous preniez avant de tomber enceinte, si c'est votre mode de contraception. Et au moment venu (le retour de couche) vous pourrez commencer votre contraception.

Pour ce qui est des câlins, au début il va falloir s'organiser un peu. L'appétit peu aussi venir en mangeant. Il va falloir trouver des moments paisibles pour vous rapprocher de votre partenaire, ce qui est loin d'être évident. Au moment le plus importun votre bébé se mettra à brailler et vous interrompra. Choisissez donc bien votre moment pour éviter ce type de frustration.

Monsieur devra se montrer doux et attentionné avec la jeune maman qui a subit bien des changements et qui se sent un peu déboussolée (parfois même totalement déboussolée) et qui a perdu sa libido dans le processus. Il va falloir une bonne dose de patience.

Une redécouverte de ses sens par étapes serait un bon début.
Il faudra aussi prendre en compte le fait que la jeune maman peut avoir des craintes, des doutes qu'elle n'exprime pas forcement. Elle est passée du statut de femme à celui de mère. Elle se sent et se voit différemment, trouve certainement qu'elle a du poids à perdre avant de se sentir désirable à nouveau. Elle vient de donner naissance et n'a pas perdu tout le poids pris durant la grossesse. A moins d'engager le coach des stars qui les aide à retrouver la ligne en deux jours, il faudra la rassurer et lui faire savoir qu'elle continue à plaire avec ses quelques rondeurs.

Elle n'a plus vraiment le temps non plus de se pomponner et peut se sentir un peu vulnérable. Si Monsieur lui fait des compliments et la rassure, elle pourra alors regagner sa confiance en elle tout doucement, mais sûrement.

La peur de la douleur est un autre facteur à prendre en compte. La jeune maman a eu son intimité fragilisée par un accouchement et elle peut avoir peur d'avoir mal pendant les rapports, surtout si elle a subit une épisiotomie. Privilégiez donc les câlins sans pénétration dans un premier temps.

Cela peut rappeler en quelque sorte le dépucelage. La maman ne connaît plus son corps et le redécouvre en même temps que son partenaire.

La communication encore et toujours!
Essayez de comprendre l'autre et tout se passera bien.

Et comme dans de nombreuses situations, il n'y a pas de règles applicables à toutes les mamans. Chaque femme est différente dans sa manière de vivre sa grossesse, sa sexualité, etc.

# CHAPITRE 17 :

# QUAND LES GRANDS PARENTS S'EN MELENT...

**Mamie ne prend pas la place de maman**

Vous avez enfilé le costume de jeunes parents depuis peu, vous êtes donc en pleine phase d'apprentissage. Telle une funambule, vous avancez pas à pas, vous apprenez doucement à être mère. Ce qui ne signifie absolument pas que vous n'êtes pas à la hauteur ou incapable, bien au contraire. Vous vous découvrez mutuellement avec votre petit ange et instaurez la cohabitation à votre rythme.

Une fois que bébé est là, il peut arriver que votre maman ou belle-maman se permettent de vous donner des conseils et essaient de vous montrer comment vous occuper de votre petit. Elles souhaitent gérer certaines choses à votre place, sous prétexte d'avoir l'expérience qui vous manque.

Des conseils qui sont prodigués pour vous aider dans votre apprentissage, certes, mais cet apprentissage est le vôtre! Elles ne doivent pas entraver votre relation avec votre bébé. Laissez-les vous montrer, observez leur façon de faire, écoutez attentivement les conseils puis faites le tri et agissez par vous-même.

Les mamies sont pétries de bonnes intentions vis-à-vis de vous, jeune maman inexpérimentée, et tâchent de vous aider à leur façon. Bébé les ramène aussi vers ces années où elles étaient elles-mêmes de jeunes mères. Elles pensent être, en quelque sorte, l'exemple à suivre. Ainsi, elles ne trouvent pas toujours leur place de grands-parents immédiatement.

Chose que l'on peut tout à fait comprendre, il s'agit également d'un nouveau rôle pour elles.

Donnez-leur le temps de s'adapter, sans créer de tensions inutiles ou de conflits, mais en expliquant, gentiment, qu'elles ne doivent pas marcher sur vos plates-bandes. Chacun son rôle. Le leur est tout aussi important pour le bébé mais celui de la maman c'est vous qui le tenez.

C'est pour cette raison qu'il faudra apprendre à mettre des limites dès le début.

Attention! Loin de nous l'idée de vous faire pousser mémé dans les orties. Ou alors juste un peu...

Les mamies sont formidables et prodiguent leurs bons conseils et leur savoir-faire. Profitez-en pour prendre tout ce qu'elles peuvent vous apporter et jugez par-vous même ce qui est bon ou non pour votre bébé et pour vous-même. Faites cela en vous basant sur votre intuition de maman et la façon dont vous voyez les choses pour votre bébé. Et non pas en vous calquant sur quelqu'un.

Si, par exemple, la mamie recommande un remède pour soulager votre bébé qui pleure, ou qui a du mal à dormir, notez ses recettes de grand-mère qui peuvent s'avérer simples et efficaces. Mais si elle estime que votre enfant n'est pas assez habillé, qu'il peut avoir froid alors que vous avez constaté que plus de vêtements le faisait transpirer, faites comme bon vous semble.

Il faut prendre en compte le fait que, de nos jours, nous sommes bien mieux informées qu'à l'époque de nos mères et de nos grand-mères. Pour peu que vous ayez lu quelques ouvrages, vous saurez ce qui est bien ou pas pour bébé.

Imposez-vous d'une main de fer dans un gant de velours. N'oubliez pas que papy et mamie sont importants pour l'équilibre de bébé et dans sa vie. Il ne faut donc pas les froisser, ni les évincer. Soyez diplomate et compréhensive tout en restant ferme si vous sentez qu'il est nécessaire de mettre quelques barrières pour le bien de tout le monde.

Les grands-parents ne souhaitent qu'une seule chose, faire partie de la vie de bébé. Il faut donc les inclure dans votre vie familiale. S'ils ne vivent pas trop loin de chez vous, ils doivent pouvoir venir voir leur petit fils ou petite fille de façon régulière. Plus votre enfant s'habitue à leur présence plus simple il vous sera de le confier un après-midi, une soirée, ou un week-end. En pouvant compter sur eux vous pourrez ainsi prendre du temps pour vous, pour votre couple ou simplement pour DORMIR!

En général les grands-parents se font une joie de se voir confier le trésor, cela ne pourra que vous être profitable.

Permettez-leur de prendre votre enfant en vacances et partagez toujours la période de garde de façon équitable entre les grands-parents maternel et paternels. Il faut éviter les jalousies et les conflits à démêler. Une semaine chez les uns, une semaine chez les autres…et à vous la paix!

Vous pourrez là encore retrouver une vie sociale grâce à cette précieuse aide, accordez leur donc le privilège de faire partie de la vie de votre enfant! De l'aimer, le gâter et aussi de lui apprendre des choses dont seuls les grands-parents ont le secret.

# CHAPITRE 18 :

# LES AMIS, ON LES GARDE OU ON LES CHANGE?

**Serons-nous toujours sur la même longueur d'onde après l'arrivée de bébé?**

L'arrivée d'un bébé va totalement chambouler votre vie, vos habitudes et vos relations. Si vos amis ne vivent pas la même chose que vous, ne partagent pas ce mode de vie ou du moins n'en sont pas encore à cette étape, cela risque de creuser un fossé entre vous.

Parmi les différentes catégories d'amis, il y a, par exemple, celle des célibataires. Les fêtes, l'absence d'horaires, d'obligations, de responsabilités, forcément cela vous place complètement à l'opposé. Vous ne partagerez plus les mêmes activités, ne pourrez plus sortir autant qu'avant, n'aurez plus le même genre d'emploi du temps, les mêmes centres d'intérêts et de ce fait pourriez-vous sentir mise à l'écart malgré vous. Au bout d'un certain temps cela peut créer un éloignement.

Il faudra faire attention à ne pas vous désocialiser, afin de ne pas vous retrouver isolée et déprimée.

Passer les journées avec un bébé à accomplir des tâches répétitives, sans stimulation intellectuelle, sans se cultiver, échanger ou débattre avec autrui ne vous rendra pas service. Aussi bien sur le plan intellectuel que moral.

Cela vaut parfois la peine de faire quelques efforts de votre côté et d'essayer de comprendre le mode de vie que vos amis ont choisi pour eux-mêmes. Ce n'est pas parce qu'ils n'ont pas d'enfants que tout est idyllique ou simple dans leur monde. Qu'ils ne manquent pas de sommeil tout comme vous, qu'ils n'ont pas de galères et par conséquent qu'ils n'ont pas besoin eux aussi d'attention, d'écoute et d'amour. Il est certes très difficile d'arriver à être partout à la fois. Vous aurez dix milles choses en tête et pas forcément le temps ni l'envie d'écouter les histoires des autres. Mais si vos amis vous sont chers, ils seront là pour vous et vous le serez tout autant pour eux. S'ils vous aiment, ils comprendront aussi les changements que vous vivez, les respecteront et ne vous jugeront pas.

De votre côté, vous devrez faire quelques efforts pour trouver d'autres sujets de conversations que les crèmes pour les fesses rouges de bébé ou autres détails croustillants qui ne risquent pas de les passionner et pourraient vite les faire fuir.

Il est très important d'être bien entouré. La famille vous sera d'une aide précieuse, mais vos amis également. Ne les snobez donc pas!

**Les amis qui sont dans le même bateau**

Vos amis qui ont des enfants mènent une vie de famille semblable à la vôtre sur de nombreux points. Vous trouverez plus facilement des sujets de conversations et aurez plaisir à passer plus de temps avec eux qu'avant. Cela fait du bien de se sentir comprise, de savoir que d'autres vivent les mêmes galères, les mêmes problèmes, partagent les mêmes intérêts et les mêmes contraintes que vous. Mais ce n'est toujours pas une raison pour ne parler que de la couleur vert et ocre du dernier caca de bébé.

Avec ces amis-là vous pourrez organiser des dimanches entourés d'une ribambelle de gamins qui courent partout, des pique-niques épuisants, mais vous serez solidaires.

Leurs enfants seront de supers amis pour vos enfants, quand ils ne se disputeront pas comme des chiffonniers accompagnant cela de jolis hurlements stridents qui filent la migraine aux parents.

Ce genre de sortie peut-être très fatigant mais épanouissant à la fois.

A consommer avec modération, car à fortes doses cela peut épuiser! Sauf si bien sur vous vous appréciez l'agitation et le bruit!

**Les nouveaux arrivants!**

Vous verrez que vous allez vite vous faire de nouveaux amis. Avec votre emploi du temps de ministre vous vous demandez comment est-ce faisable?

Très simple : la sortie des crèches ou de la nounou, où vous rencontrerez les parents des enfants que votre enfant fréquente. Vous tisserez des liens d'abord cordiaux, puis amicaux et enfin vous accueillerez chez vous les enfants de ces nouvelles connaissances pour les goûters d'anniversaires, ils feront de même avec votre enfant. Puis vous vous rencontrerez au marché, aux kermesses, aux fêtes de l'école et vous finirez par faire des brunchs ensemble le dimanche. On vous l'a dit, très facile de rencontrer du monde grâce à bébé!

Fréquenter des gens vous permettra de rester connectée, de continuer à faire partie de la société, de ne pas vous sentir prisonnière de vos contraintes et bien entendu de vous détendre. Ne négligez pas vos relations, cultivez-les!

# CHAPITRE 19 :

# PRATIQUES ET TRADITIONS POSTNATALES DES MAMANS DU MONDE

Malheureusement (ou heureusement), les traditions se perdent bien souvent ou restent difficilement adaptables à la vie moderne et au rythme que l'on nous impose de nos jours. Néanmoins, il n'est pas totalement inintéressant de jeter un petit coup d'œil aux coutumes de nos voisins pour s'en inspirer et peut-être en conserver certaines...ou pas.

**Un mois de repos bien mérité!**

Dans de nombreux pays d'Asie, régions Hispaniques ou du Maghreb, une femme qui vient de donner naissance à son bébé est choyée! Elle a donné la vie, ce qui n'est pas une mince affaire, elle doit donc récupérer, retrouver ses forces, son énergie après l'accouchement. Commencent alors «les 40 jours». C'est à dire une période de quarantaine durant laquelle la jeune maman doit rester chez elle, prendre des précautions pour sa santé, limiter les activités, suivre certaines règles d'hygiène et un régime alimentaire spécifique. Elle ne doit pas sortir de la maison, spécialement par temps froid et doit rester coucher le plus possible, bien au chaud. Cela permet à son corps de guérir.

Durant cette période elle se fait souvent aider par sa mère, sa belle-mère ou un autre membre proche de la famille (une tante, une cousine...).
Selon la tradition chinoise la jeune maman devra se laver le corps uniquement avec de l'eau bouillie, à peine refroidie. Considérée

comme étant plus hygiénique. Une habitude préventive qui pourrait aussi lui éviter d'avoir les chevilles enflées quand elle sera plus âgée. Elle ne doit pas non plus se laver les cheveux pour ne pas refroidir sa tête.

Pendant ces 40 jours, la jeune maman boit régulièrement des soupes «spéciales accouchées», des infusions de gingembre séché pour éviter le refroidissement de l'estomac et du corps. Mais également de l'alcool de riz cuit avec du sucre roux, pour se fortifier et récupérer ses forces étant donné qu'elle a perdu du sang pendant l'accouchement. Tout aliment froid, cru ou acide est banni (eau froide, glaces, yaourts, crevettes, salades, etc.) La maman privilégie les aliments tels que des fruits de jujubiers ou des longans séchés, cuits au bain marie, considérés comme étant très bons pour la santé.

Il faut restaurer le yin et le yang qui forment l'équilibre dans l'organisme. Cet équilibre ayant été perturbé pendant l'accouchement, il faudra que la maman mange beaucoup d'aliments yang tels que le riz, les œufs, la dinde, le saumon, le ging-seng qui réchauffent le corps, redonnent de l'énergie et restaurent l'équilibre.

En Corée du sud, cette période de récupération peut durer plus ou moins longtemps, mais la maman se repose au minimum pendant 21 jours. Période appelée Samchilil et qui signifie 21 jours. Elle doit absolument porter des chaussettes, rester bien au chaud et consommer une soupe particulière appelée Miyeok guk (ou Miyuk-kuk), faites à base d'algues alimentaires, avec ou sans viande (bœuf, poulet ou bouillon de viande), d'ail, le tout assaisonné de sauce soja et d'huile de sésame.

La jeune maman consommera cette préparation trois fois par jour pendant 21 jours. La soupe aidant le corps à nettoyer le sang en se débarrassant des toxines, à se réhydrater et à récupérer les forces. Elle contient du calcium, améliore la circulation sanguine et augmente la production de lait. La jeune femme devra par contre éviter tout aliment dur ou croustillant car selon les croyances, ses gencives sont affaiblies.

Il en est de même en Inde où une femme qui a accouché doit se reposer, récupérer ses forces et se protéger des infections. La durée de la période de repos peut aller de quelques jours à 40 voire 60 jours selon les régions. Il en sera de même pour son bébé. Durant cette période la maman et le bébé sont massés quotidiennement. Le massage permet d'améliorer la circulation sanguine et une meilleure récupération.

La maman qui vient de donner naissance devra consommer des aliments qui réchauffent son corps et aident l'organisme à guérir : le curcuma, la poudre de gingembre séché, les amandes, les légumes verts, les légumineuses, le sésame, les graines de ajowan et de fenugrec.

# CHAPITRE 20 :

# LE FABULEUX LEXIQUE DE JEUNE MAMAN

Vous avez toujours voulu savoir ce qu'était une nacelle, un cosy, une turbulente, un nid d'ange ou une chancelière, n'est-ce pas?

Vous en rêviez, on l'a fait! On vous explique tout, ce soir vous dormirez moins bête, ou du moins plus informée. Cela pourra également vous donner quelques idées de cadeaux à rajouter sur votre liste de naissance.

- **Babybottes** : Marque et style de chaussures spécialement adaptées aux bébés qui apprennent à marcher.

- **Babycook** : Traduction littérale de l'anglais: Bébé cuisine! Ce qui n'est pas prévu pour tout de suite.En réalité c'est tout simplement un petit robot destiné à faire la popote à bébé! Compotes, purées faites maison grâce à cet appareil qui décongèle les aliments, les cuits à la vapeur, les réchauffe et les mixe. De quoi régaler angelot avec la bonne cuisine de maman en un rien de temps!

- **Babyphone** : Dispositif, composé de deux émetteurs, qui vous permet d'entendre les bruits provenant de la chambre de bébé. Un émetteur sera donc placé dans la chambre de bébé et le second sera gardé auprès de vous. Vous avez, si vous le souhaitez, la possibilité de choisir la version avec caméra intégrée pour avoir le son et l'image.

- **Babies pour bébé** : Ce sont des petits chaussons portés par les bébés filles.

- **Balancelle** : Une sorte de petit transat dans lequel vous pourrez bercer, apaiser et endormir bébé. Vous pouvez également suspendre des petits jouets qui l'amuseront et participeront à son éveille. C'est un siège qui convient aux bébés de 0 à 12 mois.

- **Body (ou bodie)** : C'est un sous-vêtement en coton qui couvre bébé de la nuque jusqu'aux fesses et qui s'attache à l'entre-jambe par des pressions, ce qui facilite le changement des couches culottes.

- **Bola de grossesse** : Le bola est un petit pendentif rond, en argent, originaire d'Indonésie, que les futures mamans portent autour du cou pendant toute la durée de leur grossesse et qui est destiné à apaiser bébé grâce au doux son de clochette qu'il produit.

- **Brassière pour bébé** : Une sorte de petit gilet en coton pour l'été et en laine pour l'hiver, qu'il vous faudra emmener à la maternité pour la sortie de bébé.

- **Cale bébé** : Comme son nom l'indique, accessoire qui permet de garder bébé bien calé grâce à deux petits boudins de chaque côté, l'empêchant de rouler et de se retrouver sur le ventre pendant son sommeil.

- **Cape de bain** : C'est un peu entre le peignoir et la serviette de bain. Elle permet d'envelopper le bébé après son bain avec un petit triangle sur un côté pour recouvrir la tête.

- **Chancelière pour bébé** : C'est un sac de couchage chaud, qui s'adapte à la poussette, au siège-auto, ou au cosi.

- **Combinaison pilote** : Grosse doudoune, ou sorte de combinaison de ski, qui protège bébé du froid de la tête aux pieds. Si vous choisissez la combi-pilote, vous n'aurez pas besoin d'une chancelière.

- **Cosi (ou Cosy)** : Siège-auto pour les premiers mois de bébé.

- **Douillette/Gigoteuse/Turbulette** : Trois termes pour désigner une sorte de couette à bretelles qui enveloppe bébé dans son lit. Elle remplace la couverture ou la couette de son berceau qui sont déconseillées dans les premiers mois de grossesse. Parfois aussi appelé sac de nuit.

- **Dors-bien/Grenouillère/Babygros** : Là encore trois termes pour désigner une seule et même chose, le fameux pyjama une pièce avec des pieds.

- **Lange** : Carré de tissu en coton qui peut avoir de multiples fonctions. Il peut servir de doudou, d'emmaillotage, de bavoir, etc.

- **Lit parapluie** : Lit pliable, fait dans une matière souple. Pratique à emmener lorsque vous avez besoin de partir en week-end ou en voyage.

- **Mobile éveil bébé** : Une sorte de veilleuse-manège qui est installée au-dessus du lit de bébé et qui fait des rotations. Il peut être musical, projeter de la lumière, etc.

- **Mouche bébé électrique** : Petit appareil qui permet de soulager les congestions nasales de bébé, d'aspirer les secrétions et de déboucher le nez en cas de rhume.

- **Nacelle** : Landau détachable, la nacelle est un moyen très pratique et confortable pour transporter votre bébé durant ses 6 premiers mois en le gardant en position allongée. Elle peut également être utilisée comme siège-auto mais devra être homologuée si vous souhaitez l'utiliser comme telle.

- **Nid d'ange** : Sorte de petit sac de couchage à capuche tout doux et molletonné. Contrairement à la gigoteuse, le nid d'ange est destiné à un usage extérieur et permet à bébé d'être bien emmitouflé et au chaud.

- **Parc bébé** : Sorte d'enclos de formes et de matières diverses dans lequel bébé peut jouer et évoluer en toute sécurité.

- **Porte-bébé** : Très pratique pour porter bébé sur le ventre, sur le dos ou sur les hanches.

- **Stérilisateur de biberons électrique** : Appareil très pratique permettant de stériliser plusieurs biberons à la fois mais aussi tétines et accessoires. Stérilisation essentielle durant les 5 premiers mois de bébé.

- **Sucette, tétine, tototte** : Petit accessoire aux multiples appellations qui permet à bébé de suçoter, à téter dans les premiers mois de sa vie et de se sentir ainsi apaisé.

- **Thermomètre de bain** : Outil bien pratique qui permet de contrôler la température de l'eau du bain de bébé.

- **Transat bébé** : C'est un petit siège que l'on utilise dans les 8 premiers mois de bébé et qui lui permet de rester en position semi-assise, d'interagir avec vous après sa sieste, etc. Vous avez la possibilité de choisir une version fixe ou une version balancelle.

- **Youpala/Trotteur** : Petit siège à roulettes, dans lequel vous placez bébé et qui lui permet d'explorer le monde en se déplaçant dans la pièce avant qu'il ne soit en âge de marcher. C'est un objet qui est utilisé entre le 8ème et le 15ème mois de bébé, mais qui est souvent déconseillé par les pédiatres pour des raisons de sécurité, jugées insuffisantes, ainsi que pour ne pas inciter bébé à la paresse et retarder ses premiers pas tout seul comme un grand!

# CHAPITRE 21 :

# SITES INTERNETS ET LECTURES PREFERES

**www.planet.vertbaudet.com**

Un blog pratique et informatif qui vous accompagne depuis votre envie de bébé à sa naissance.

**www.magicmaman.com**

Site très complet regroupant conseils, bons plans, petites annonces, forums, shopping en ligne et de nombreux articles sur des thèmes divers et variés en partant de la conception de bébé jusqu'à la période de l'adolescence.

**www.naitreetgrandir.com**

Magazine et site internet qui regroupe infos, conseils, blogs, etc. à partir de la grossesse et sur les cinq premières années de l'enfant.

**www.brindilles.fr**

Soins et jouets pour bébé, cosmétiques et maquillage pour maman, alimentation pour toute la famille, idées de décoration pour la maison, vêtements...Un très joli site complet pour les familles qui privilégient le bio et l'écolo.

**www.alimentation-grossesse.com**

Cet excellent site internet vous guidera en cas de doute et vous aidera à choisir les bons aliments. Il suffit d'entrer l'aliment qui vous intéresse et vous obtenez la réponse, à savoir si vous pouvez le consommer ou non.

Il vous sera également bien utile lors de vos sorties au restaurant.

**www.aroma-zone.com**

Véritable petit paradis du bien-être pour les amateurs d'huiles végétales, hydrolats, huiles essentielles, cosmétiques naturels et bio, ingrédients pour faire soi-même ses cosmétiques, coffrets cadeaux, etc.

**www.amazon.fr**

La caverne d'Ali Baba! On y trouve tout ce dont on a besoin ou presque.

**www.weleda.fr**

Cosmétiques et produits naturels pour maman, papa et bébé.

**www.natureetdecouvertes.com**

Comme son nom l'indique si bien, ce site regorge de produits naturels et de découvertes en tout genre. Jouets pour enfants, coffrets de naissance, cosmétiques, bijoux, accessoires pour maison et jardin, thés et tisanes, musiques et huiles de relaxation, etc.

**www.je-suis-papa.com/www.papapoule.net/**
**www.papapoule.net**

Trois blogs de papas. Oui, les papas aussi ont leurs blogs sur lesquels ils trouvent des informations en cas de besoin. Dans la bonne humeur, avec souvent beaucoup d'humour.

**www.neufmois.fr**

Un autre bon site qui donne de nombreux conseils et répond aux questions que l'on peut se poser concernant la grossesse, bébé, le couple, etc.

**www.alittlemarket.com**

Un site très sympathique qui regroupe des vendeurs proposant leurs créations, toutes sortes d'objets fabriqués de façon artisanale. Vous y trouverez entre autres les fameux petits badges «bébé à bord».

## Lectures préférées

**Pendant la grossesse :**

- Se préparer à la naissance en pleine conscience : Le programme MBCP : 9 semaines pour mieux vivre la grossesse, l'accouchement et la parentalité, Nancy Bardacke

- Le grand livre de ma grossesse : Édition 2015-2016

- Bien manger en attendant bébé : Un bébé en pleine forme sans prendre trop de poids, Katrin Acou-Bouaziz et Cocaul Cocaul

- Yoga grossesse : Prénatal, postnatal avec bébé, Adeline Blondieau

**Après la naissance de bébé :**

- Les étapes majeures de l'enfant, Françoise Dolto

- L'allaitement, Dr Marie Thirion

- Les compétences du nouveau-né, Dr Marie Thirion

- Élever son enfant, Professeur Marcel Rufo et Christine Schilte

- Bébé pleure, Professeur Marcel Rufo et Christine Schilte

- Papa débutant, Lionel Pailles et Benoît Le Goëdec

- Le vrai rôle du papa : Être père aujourd'hui, Charles Brumauld Des Houlières et Éric Tognoni

- Les grands-parents dans tous leurs états émotionnels, Vittoria Cesari Lusso

## Remerciements

Nous remercions nos maris, nos familles et nos amis pour leur soutient durant la réalisation de ce projet. Un grand Merci aussi à Vincent Cueff pour ses encouragements et ses précieux conseils! Sans oublier Sophia Mezani sans qui ce livre n'existerait pas.

63102697R00132

Made in the USA
Charleston, SC
28 October 2016